U0890233

极简招聘面谈法

15分钟面谈组建高效团队

羡婕·著

SPM
南方出版传媒
广东经济出版社
—广州—

图书在版编目（CIP）数据

极简招聘面谈法：15 分钟面谈组建高效团队 / 羡婕著. —广州：广东经济出版社，2021. 2

ISBN 978 - 7 - 5454 - 7603 - 3

Ⅰ. ①极… Ⅱ. ①羡… Ⅲ. ①企业管理—招聘 Ⅳ. ①F272. 92

中国版本图书馆 CIP 数据核字（2020）第 268878 号

责任编辑：蒋先润
责任技编：陆俊帆

极简招聘面谈法：15 分钟面谈组建高效团队

JIJIAN ZHAOPIN MIANTAN FA：15 FENZHONG MIANTAN ZUJIAN GAOXIAO TUANDUI

出 版 人	李　鹏
出版发行	广东经济出版社（广州市环市东路水荫路 11 号 11 ～ 12 楼）
经　　销	全国新华书店
印　　刷	广东海洋印刷有限公司 （佛山市南海区里水镇和桂工业园 A 区和安南路 1 号 F 栋 1 - 2 楼）
开　　本	730 毫米 × 1020 毫米　1/16
印　　张	13. 25
字　　数	195 千字
版　　次	2021 年 2 月第 1 版
印　　次	2021 年 2 月第 1 次
书　　号	ISBN 978 - 7 - 5454 - 7603 - 3
定　　价	45. 00 元

图书营销中心地址：广州市环市东路水荫路 11 号 11 楼
电话：（020）87393830　　邮政编码：510075
如发现印装质量问题，影响阅读，请与本社联系
广东经济出版社常年法律顾问：胡志海律师
·版权所有　翻印必究·

给你想要的高效招聘面谈技巧

笔者曾与一位长期做人力资源服务的国企高管聊天，他提到在国企改革过程中必然需要招聘大量的职业经理人。受新冠肺炎疫情影响，后疫情时代的就业形势依旧严峻，很多岗位出现过多人应聘的状况，如果能策划面向应聘者的招聘专题培训项目，一定很有市场潜力。笔者微微一笑，不置可否。不过就在不久之前，笔者以某地方国企面试官的身份参加了该企业的职业经理人招聘工作。在整个招聘过程中，笔者认为很多参与招聘面试决策的企业管理者更需要学习、掌握有关招聘面谈的技能和方法。这也是笔者编写此书的原因。

在驰骋职场的20多年间，从被人面试到现在做职业面试官，笔者经历过各种类型的招聘面试。与20多年前相比，虽然很多企业的招聘管理工作更加完善，譬如发布招聘信息、通知应聘者、利用工具对应聘者进行测试等环节都有了非常大的改善，但是从实践效果来看，招聘面谈作为企业招聘流程中的一个重要环节，却成了成功招聘人才的最大短板。

大多数企业会将招聘的面试工作安排给用人部门的直接领导，比如招聘一位市场主管，通常就由市场总监来主导面试工作。由于用人部门急于招人，主导面试的部门主管常抱着“先把人招来试用再说”的心态对待面谈，缺乏对面试者工作潜能的发掘，因此很难招到适合企业长期发展的人才，导致企业在短期内频繁地招聘和解聘，反而会严重制约企业的战略性发展。当然，用人部门的主管长期从事企业事务性工作，缺乏招聘面谈技能和方法的培训和锻炼也是重要原因。

事实上，在企业的所有招聘环节中，面谈环节是最重要以及最需要高层重视的。而面谈环节是企业面试官与应聘者唯一面对面沟通的机会，也只有在这个过程中，企业面试官才能真正判断出应聘者是否具备胜任岗位的技能和素质、能否有效地融入企业文化、对薪资待遇要求和个人成长空间的期待等，企业才能准确地判断应聘者是否是满足企业未来长久发展需求的储备人才。

认真执行招聘面谈对企业的发展有着重大的意义，能快速、有效地为企业招募到符合企业短期或者长期发展需求的应聘者，降低企业的人力成本，从而提升企业的效益。美国著名作家戴维·P. 琼斯在其著作《百万招聘：如何让招聘的回报最大化》一书中写道：“招对了人，带来百万效益。聘错了人，造成百万损失。”要想回报达到最大化，面试官就要认真做好招聘面谈的工作。

从某种程度上说，面试官个人的能力和技巧直接影响面谈的效果。换言之，如果面试官在面谈中不能有效地掌握面谈的方法和技巧，不能有效地识别应聘者的优点、缺点，那么在面谈中一个随意的判断，就有可能把最为合适且最有潜力的人才拒之门外。当然，还有可能招来“高危候选人”。这类人给企业带来的危害更大，远远大过错失人才的损失。所以，为了能够正确甄别眼前的应聘者是否适合企业，面试官必须掌握一定的面谈技能和方法，发挥出面谈的最大价值。

本书共有 7 章，分别介绍了 15 分钟极简面谈招到核心人才的 5 个流程、招聘面谈的 9 个准备、需要避免的 9 个心理陷阱、6 个测试策略、6 个沟通技巧、7 个难题应对技巧和 5 个面谈实践。这 7 个章节的内容各有侧重，可读性和实操性极强。同时，我们将这 7 个章节分为三大部分。

第1章向读者展现一个快速的极简面谈大约只需15分钟就能搞定。但是，要想达到极简、高效的效果，面试官就要严格遵守流程，即1分钟预备、2分钟开场、8分钟问答、3分钟介绍和1分钟结束面谈。

第2章重点介绍了面试官要做好9项准备：大到明确招聘面谈的目的和方式、设计好面谈的框架、了解招聘岗位的用人标准，小到准备资料、安排面谈环境、做好接待工作等。这些工作能否做好，是直接影响一个高效面谈是否能够达成的关键性因素。所以，面试官要在正式面谈前做好这些工作，以保证面谈能够有条不紊地进行。

第3章至第7章的内容被我们归纳为“96675法则”，即9个心理陷阱、6个测试策略、6个沟通技巧、7个难题应对技巧、5个面谈实践，操作性极强，且可以复制执行，都是非常实用的知识和技巧，也是这本书的价值所在，能够帮助面试官迅速上手，灵活运用。

不同于一般的招聘管理类书籍，本书从面谈的角度出发，强调在与应聘者沟通的过程中，面试官若要深入了解应聘者的情况（心理、语言、表情、眼神、肢体动作和姿势等），就必须要掌握大量心理学的知识；同时本书还提供了大量的真实案例，以帮助面试官全方位地再现真实的面谈情景。

另外，本书在表述重要知识点时非常注意读者的阅读逻辑和流程，除了对重点内容分条讲解、重点标注之外，对书中的核心技巧、重点流程均绘制了对应的流程图，以帮助读者快速理解和掌握，可以说是读者提升招聘面谈技能的首选工具书。本书所有内容力求切实、有用，从文字到图表，从案例到技巧，无一不用心铸成。希望我们的读者在阅读本书时，能够举一反三，深入理解本书要点，从而让本书发挥出更大的价值。

姜　婕

2020年11月

CONTENTS / 目　录

第 3 章

第 4 章

第 5 章

第 1 章

15 分钟面谈招到核心人才，组建高效团队

高效团队是指工作效率相对一般团队更高的团队。这样的团队中往往会有工作效率极高且团队协作能力较好的核心人才，由他们带动整个团队提升效率。所以，组建高效团队的关键在于招到高效率、高协同的核心人才。

参与面试核心人才的面试官一般都是企业的管理层。由于日常工作繁忙且“压力山大”，他们基本都是在紧张和忙碌的工作中挤出一段时间来完成这类面谈工作，因此面谈的效率就显得十分重要。依据多年的招聘面谈实践经验，我认为一次有效面谈的最短时间不得低于 15 分钟，少于 15 分钟的面谈很难让面试官对应聘者做出全面、客观的评价。

要想在 15 分钟面谈中招聘到高效团队需要的核心人才，面试官就要遵循流程，严格控制时间，将 15 分钟分成 5 个环节：1 分钟预备、2 分钟开场、8 分钟问答、3 分钟介绍和 1 分钟结束面谈。

1 分钟预备：调整情绪，轻松应对

要想在 15 分钟的面谈时间内招聘到合适的核心人才，首先要有一个好的面试开场。如果面试官以着急或忐忑的状态直接进入面谈，不仅很难轻松自如地展开面谈，还会将一种难以言状的负面气氛传递给应聘者。所以，在面谈正式开始之前，面试官要有一个 1 分钟预备。在 1 分钟的预备时间里，积极调整情绪，以轻松的状态应对接下来的整个面谈。

具体来说，面试官必须在 1 分钟的时间里，根据自己的需要，从以下几种能调整自己状态的方法（见图 1－1）中，选择快速且有效的方法来调整自己的状态。

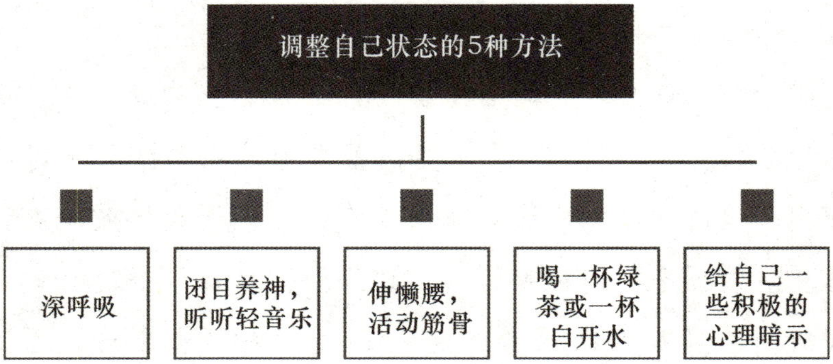

图 1－1　调整自己状态的 5 种方法

（1）**深呼吸**

研究表明，深呼吸能有效缓解紧张的情绪。具体来说，面试官要从鼻子吸气，慢慢地让空气流经自己的腹部，再到自己的肺部，然后慢慢地从鼻子呼出，并轻轻地说声“放松”。只要几秒钟的动作，就可以放松自己。

（2）**闭目养神，听听轻音乐**

面试官可以坐在椅子上或站在窗边闭目养神。在闭目养神的同时，面试官可以选择冥思，也可以选择听一首自己喜欢的轻音乐或者正面、励志的歌曲，帮助自己快速、有效地放松心情。研究表明，听舒缓的音乐有助于降低血压、缓解焦虑；如果在本就紧绷的心理状态下听重金属音乐，则让人心情更加难以平静。所以，面试官要尽量避免选择喧闹的音乐。

（3）**伸懒腰，活动筋骨**

伸懒腰可以促进血液循环，舒展紧绷的身体，帮助大脑缓解压力，放松心情。面试官也可以在办公室内活动活动筋骨，放松自己的肌肉，进而缓解压力。

（4）**喝一杯绿茶或一杯白开水**

热饮能够帮助舒缓紧张的情绪和减压。在正式面试前，面试官可以喝一杯绿茶或一杯白开水，让自己紧张的情绪得到舒缓。

（5）**给自己一些积极的心理暗示**

积极的心理暗示不仅可以给人信心，还可以调动一个人的情绪。所以，面试官可以给予自己一些积极的心理暗示，例如暗示自己“我一定可以”“放轻松，自然点就好了，这一切绝对没有自己想象中的可怕”等；也可以给自己一个微笑，暗示自己：我很快乐/轻松。

1 分钟预备看似简单，却是非常有必要的流程。面试官不要忽视这简单的 1 分钟，而是要抓住这 1 分钟的时间做些有意义的、能有效调整情绪的事情。当然，放松自己的方法因人而异。面试官若是觉得安静地待上 1 分钟就能够调整自己的情绪，也可以在 1 分钟的时间里什么也不做，就安静地待着。

对于重要岗位的面试，比如职业经理人的面试，企业往往会安排一个面试团队来完成面试工作，那么 HR 部门或者组织部门可以组织面试团队成员集体进行 1 分钟的放松，比如提前组织面试官们进入面试场地，给面试官们沏好茶水，并播放轻柔的背景音乐，同时将候选人的资料提前交与面试官们，并用言语引导面试官们进入放松的状态。

2 分钟开场：营造氛围，初步了解

在招聘面谈中，好的开场氛围往往能为接下来的整个招聘面谈奠定一个好的基调。换句话说，如果没有开场或开场不到位，那么接下来的面试过程可能会出现各种尴尬局面。相反，如果有好的开场氛围，则能为接下来的面谈营造积极、友好的气氛，大大地提升面谈效果。

一般来说，如果只有 15 分钟的面谈时间，建议至少用 2 分钟的时间开场。在 2 分钟的开场环节（见图 1－2），面试官要积极营造氛围并初步了解应聘者的相关信息。

第一个30秒	邀请入座，端上一杯水
第30~90秒	闲聊展开交流，建立初步印象
最后一个30秒	收住话题，切入主题

图 1－2　2 分钟开场的步骤

（1）第一个 30 秒：邀请应聘者入座，给应聘者端上一杯水

从应聘者进入面谈的房间开始，面谈就已经正式启动了。此时，面试官首先要起身相迎，与对方友好握手，并邀请应聘者入座。之后，面试官可以递送一杯水或茶给应聘者，并友好地邀请对方入座和饮水或茶。这既是待客之道，体现面试官对应聘者的尊重，又能让应聘者对面试官和企业产生一个良好的印象，增加对面试官和企业的好感。

需要注意的是，在邀请对方入座和饮水或茶时，面试官要积极使用友好的肢体语言，即眼神和肢体动作相互配合，让应聘者感受到轻松、愉快的氛围。例如保持真诚的微笑、温暖亲切的眼神，身体朝向应聘者，且呈现放松、上扬、积极的状态。同时，表达的声音要悦声，语调要轻快，用词要礼貌，例如“你请坐！”“请喝水，歇一会！”

这些微小的言行都有助于营造和谐的面谈氛围。

（2）**第 30～90 秒：利用闲聊话题展开适度交流，双方建立初步印象**

双方均落座之后，面试官即可迅速找一个能让应聘者轻松回答的话题，以便快速营造和谐的面谈氛围。

例如，“这周的天气不是很好，阴沉沉的。”“你老家是哪儿的啊？”“你现在住在哪儿呢，到这边需要多长时间呢？”“今天天气真不错，已经很长时间没这么晴朗了。”“今天雨真大，很感谢你能来！”“我听你的口音，觉得很熟悉，好像咱们是一个地方的人。”只要面试官选择一些应聘者熟悉、能轻松回答的话题，双方就能展开适度的交流，同时建立初步印象。在这个过程中，面试官可以初步了解应聘者的家乡、毕业的学校、性格是外向还是内向等基本信息，为接下来的面谈奠定基础。

（3）**最后一个 30 秒：收住话题，切入面谈的主题**

闲聊毕竟不是招聘面谈的主题，简单几个问答之后，大概在 1 分钟左右，面试官就要适时收住话题，切到招聘面谈的主题上来。

面试官在结束闲聊话题之时可顺势问道：“你带简历了吗？”如果应聘者自备简历，面试官可以根据应聘者的简历问一些自己之前准备好的问题。

此外，面试官在应聘者回应相关话题后也可以直接切入正题。因为在招聘面谈的场景中，彼此知道此次面谈的真正目的，大多数情况下应聘者的简历应该已经在面试官手里了，所以面试官可直接说：“咱们现在开始面谈吧！你先说一说你的……”2 分钟开场的氛围和话题铺垫将直接影响下一个问答环节的效果。如果没有开场的铺垫或者开场氛围不够理想，应聘者可能很难在问答环节做到轻松自如地回答问题，或因内心紧张而难以如实地展露自己的想法和实力。所以，即使只有 15 分钟的面谈时间，面试官也要分出 2 分钟的时间用来开场。

如果说第 1 分钟是给面试官的放松时间，那么第 2 分钟就是给应聘者的放松时间，而第 3 分钟则是为双方营造良好面试氛围的时间。

8 分钟问答：获取关键信息

对招聘面谈来说，问答环节一般是最核心的环节，所以如果只有 15 分钟的面谈时间，至少要安排 8 分钟进行问答，以获取应聘者的关键信息。

在这 8 分钟的时间里，面试官要获取的关键信息包括两个方面（见图 1－3）：一方面是从应聘者的基本素养、性格、能力、求职动机和求职意向等方面了解应聘者和招聘岗位的匹配度；另一方面是从应聘者的职业发展规划及其对薪酬福利、工作关系和企业文化的期待等方面了解应聘者和企业的匹配度。

其中，了解应聘者和招聘岗位的匹配度更为关键，也更为复杂，所以要花费相对更多的时间，建议以 5 分钟为宜。剩余的 3 分钟可以用来了解应聘者和企业的匹配度，以全面了解该应聘者是否符合企业的发展需要。

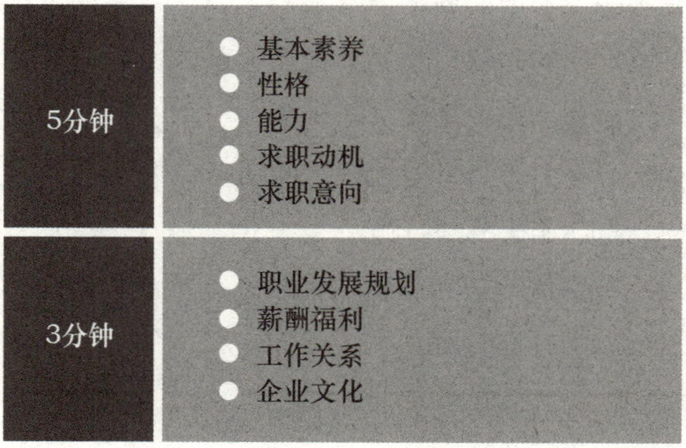

图 1－3　8 分钟问答的关键要素

（1）5 分钟：了解应聘者的基本素养、性格、能力、求职动机和求职意向

面试官要在 5 分钟的时间里，集中提出能考查出应聘者的基本素养、性格、能力、求职动机和求职意向的问题，以了解应聘者是否符合招聘岗位的要求。

一是基本素养。基本素养是指思想品质和道德观念，包括世界观、人生观、价值观、审美观、使命观、幸福观等诸多内容。了解应聘者的基本素养，有助于了解应聘者是否具备健全的价值观。例如："你如何看待成功？""你觉得要做好一份工作，什么最重要？"

二是性格。性格特质在日常工作中也发挥着很重要的作用。对企业来说，招募到一位心智成熟、性格真诚、为人和善的员工，无论是在工作开展还是日常相处中，都十分有益。例如："你可以用三个词形容一下自己吗？""你身边的朋友如何评价你？""如果你的同事诬陷你，你会怎么处理？"

三是能力。了解应聘者是否具备招聘岗位所要求的技能，有助于帮助面试官初步判断应聘者是否能够胜任招聘岗位。具体来说，面试官可根据招聘岗位所要求的技能向应聘者发问，例如："你能熟练操作 AutoCAD 吗？你对 AutoCAD 的掌握程度如何？""你的简历上写有掌握'××技能'，现在这一技能达到什么样的程度了呢？"

四是求职动机和求职意向。了解应聘者的求职动机和求职意向，可以帮助面试官了解招聘岗位和应聘者的职业规划是否一致，应聘者对招聘岗位的熟悉程度、认知程度和加入该岗位的意愿是否强烈，以及应聘者为什么会选择应聘该岗位，应聘者是否已经做好了准备等。例如："从你所掌握的信息看，你认为你所应聘的岗位的工作范围主要有哪些？""对于你所应聘的岗位，你认为有哪些可预见的困难？""对于你所应聘的岗位，你觉得你的优势和不足是什么？""你认为该岗位的工作难点和挑战性在什么地方？你打算如何克服它？""你在选择这份工作时，最看重的是什么？""你对薪资待遇的要求是什么？它是你在选择一份工作时，第一考虑的因素吗？"

（2）3分钟：问出应聘者的职业发展规划以及其对薪酬福利、工作关系和企业文化的期待

在后3分钟的问答时间里，面试官要集中提出能够考查应聘者的职业发展规划，以及对薪酬福利、工作关系和企业文化的期待等问题，以了解应聘者和企业的匹配度。

一是职业发展规划。了解职业发展规划有助于面试官了解应聘者对自己未来发展的设想、职业生涯的规划能力，以及应聘就业的稳定性。通过这类问题，面试官可以了解应聘者未来是想深深扎根在此行业中，还是只是将这份工作当成一个过渡或者跳板，以判断应聘者是否愿意长期在企业发展下去。例如："能说一说你的职业规划吗？""请问，你未来3～5年的职业目标是什么呢？""如果给你选择的机会，你最希望/有兴趣从事的职业是什么呢？为什么？""你想在工作中实现什么样的追求？你所应聘的岗位能帮助你实现你的追求吗？""如果你现在被录用，你希望在这里工作多久？"

二是薪酬福利。薪酬福利是应聘者十分关注和看重的。针对薪酬福利提问，一方面可以了解应聘者对薪酬福利的期待和想法，另一方面可以了解企业是否能够提供满足应聘者期待的薪酬福利。例如："你对工资待遇的想法是什么？""你期待的薪酬范围是多少？"

三是工作关系。工作关系是指在工作中，上下级以及同级别工作者之间的关系，包括监督关系、汇报关系以及同事之间的关系。了解应聘者期待的工作关系，能够帮助面试官确认应聘者是否能与同事或领导友好相处。例如："你喜欢什么样的人际关系？""你希望与一个什么样性格的上司相处？"

四是企业文化。了解应聘者对企业文化的想法和期待，一方面可以了解应聘者喜欢什么样的企业文化；另一方面也能了解应聘者若加入企业，是否能够很快地融入进来。例如："你希望公司拥有什么样的企业文化？""你理想中的企业文化是什么样的？"

需要注意的是，要想在8分钟内全面、深入地掌握以上信息几乎不可能。所以，面试官可以根据应聘者和招聘岗位的实际情况有针对性地选择提出两三个这方面的问题，以了解关键信息，快速作出评估和判断。

3分钟介绍：提供重要信息

面试官不仅要通过8分钟问答从应聘者那里获取关键信息，还需要3分钟的时间向应聘者介绍有关公司和招聘岗位的重要信息（见图1－4）。这样既可以帮助应聘者进一步了解公司和招聘岗位，也可以增强应聘者加入公司的意愿。

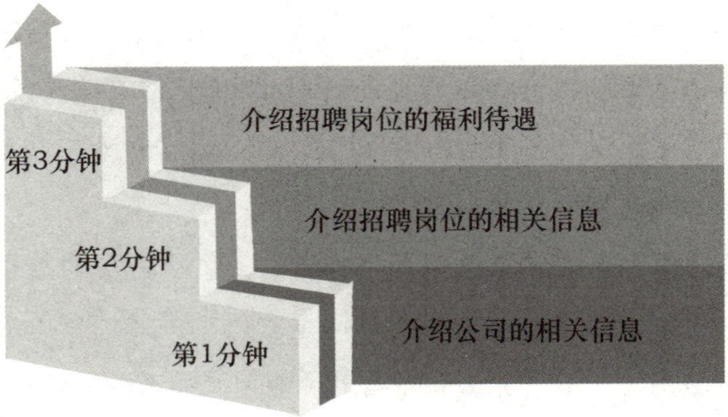

图1－4　3分钟介绍的核心内容

（1）第1分钟：介绍公司的相关信息

面试官要用1分钟的时间向应聘者介绍**公司的相关信息，包括公司的发展史、主营业务**等。例如："我们公司是2000年成立的，已经有20年的历史了。我们一开始是做……，后来转向……，然后一直从事至今。我们公司的主营业务是……目前，我们公司有××人……"。

需要注意的是，在介绍业务时，面试官要事先确定公司的哪些业务是可以公开的，哪些业务是需要保密的，有重点地选择可以对外公开的业务，并对外保持一致的说法。

除了介绍公司的发展史和主营业务外，面试官还要介绍**企业发展的重要事件和成就**来吸引应聘者，例如“我们公司在 2017 年获得 ×× 称号，是市内第一家获得 ×× 称号的企业”，结合公司取得的成绩、荣誉、奖项等进行介绍，以客观事实、数据证明公司的实力，增加应聘者对公司的好感。

在介绍公司的相关信息时，还应该加入**对公司未来发展的规划和展望**。这类信息对于新组建或筹建的公司来说相当重要。很多企业在整合并购后，战略发展方向会发生比较大的变化，原有的历史业绩（或不足）并不能代表公司的发展前景，这时面试官应该把介绍公司未来的新定位和发展规划作为重点，比如“我们公司的定位是……，未来 5 ～ 10 年将发展成 ×× 产业最大的 ××××”，以公司的发展前景来吸引有事业心的、愿意共创未来的优秀人才。

（2）**第 2 分钟：介绍招聘岗位的相关信息**

面试官要用 1 分钟的时间向应聘者介绍招聘岗位的相关信息。这是 3 分钟介绍的重点内容。

一般来说，介绍招聘岗位的相关信息主要谈及的内容有基本情况和发展空间两个部分。**岗位基本情况包括工作内容、工作时间、工作地点等；岗位发展空间则包括能力提升空间（培训）、晋升空间、晋升渠道等**。

由于时间比较紧张，面试官可**向应聘者重点介绍招聘岗位的工作内容、用人标准和任职资格**。例如：“应聘我们的广告策划岗位，需要了解并操作过 3D MAX，能掌握基本操作方法；优先考虑有 3D MAX 培训经历的应聘者；能吃苦耐劳，虚心受教，谦虚踏实。”

需要注意的是，**面试官在介绍岗位的相关信息时，要根据应聘者的需求，并结合岗位的实际情况进行针对性的介绍**。具体来说，就是了解应聘者对哪个部分感兴趣，对应聘者感兴趣的地方多作介绍。

（3）**第 3 分钟：介绍招聘岗位的福利待遇**

最后，面试官要用 1 分钟的时间向应聘者介绍招聘岗位的福利待遇，如薪酬、五险一金、休假时间、晋升制度、工作环境和奖金制度等。这部分也是每一个应聘者重点关注的内容。

需要注意的是，面试官在介绍福利待遇的过程中要实事求是，不要为了用福利待遇去吸引应聘者而故意夸大事实。面试官可以扬长避短，如果招聘岗位薪酬不是很高，面试官可以介绍岗位其他的优势吸引应聘者，例如宽松的办公环境、休假时间多等。

值得一提的是，在 3 分钟的时间内介绍这么多内容其实并不容易，这就要求面试官必须要有所选择、有所取舍，根据应聘者和企业的实际情况选择两三个点重点介绍即可。当然，如果时间允许，面试官也可以多介绍一些内容，但那就不是我们要在 15 分钟招聘面谈中要介绍的了。

1 分钟结束面谈

即便 15 分钟的面谈时间很短暂，面试官仍然要重视结束面谈的谈话内容，并花 1 分钟的时间结束面谈。一个好的结束不仅可以让整个招聘面谈更完整、规范，还能让应聘者觉得招聘公司办事很靠谱，进而有效提升面试官和企业的形象。

具体来说，在 1 分钟结束面谈环节，面试官要做好两件事情（见图 1－5）。

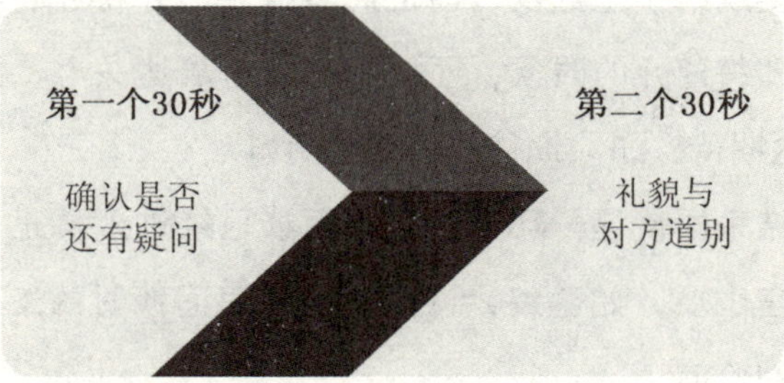

图 1－5　1 分钟结束面谈要做好的两件事

（1）第一个 30 秒：确认应聘者是否还有疑问

当面谈快要结束时，面试官首先要询问应聘者是否还有其他想问的问题。虽然这是一个问句，但是面试官需要明确的是，此时应聘者是没有疑问的。因为面试官已经在 8 分钟问答和 3 分钟介绍环节，全部答疑解惑完毕。因此，此时询问应聘者“是否还有想问的问题”，其实也是在向应聘者暗示可以结束面谈了。

当然，应聘者也会收到这种暗示信号，会表示“没有想问的问题了”。此时，面试官可顺势说：“那咱们今天就先聊到这里，可以吗？”把结束面谈的主动权交给应聘者。

如果应聘者还有疑问，那应该就是应聘者最关心的问题，所以即使面谈即将结束也要提出疑问。此时面试官要快速给出针对性的解答，千万不要顾左右而言他，浪费时间。解答完之后立即再次确认应聘者是否还有疑问，以尽快结束面谈。

（2）**第二个 30 秒：礼貌与对方道别**

当应聘者表示没有疑问后，此时面试官和应聘者面临告别。在告别之际，面试官仍然要做好两项工作。

一是向应聘者表示感谢，包括感谢应聘者选择本公司的招聘，感谢应约，感谢彼此之间的愉快交谈等。例如：“非常感谢你能过来面试，和你聊天很愉快”。需要注意的是，面试官在表达感谢的时候，态度要亲和自然，眼神真诚地看着应聘者，更能让对方信服。

二是面试官要从椅子上起身，与应聘者握手，并将应聘者送至门外或电梯间。当应聘者即将离开的时候，面试官可适当表达关心，如“路上注意安全”；也可以表达期待，如“期待和你成为同事”。

总之，到了结束面谈这一环节，招聘面谈已经进入真正的尾声。即使是结束环节，面试官也要善始善终，认真执行结束面谈时的工作和礼仪，全方位地发挥出面谈的价值。

第2章

做好招聘面谈的准备

“凡事预则立，不预则废。”只有面面俱到，做好万全的准备，才能有条不紊地进行面谈。要做好面谈工作，面试官必须在招聘前做好9项准备：大到明确招聘面谈的目的和方式、设计好面谈的框架、了解招聘岗位的用人标准，小到准备资料、安排面谈环境、做好接待工作等。

明确招聘面谈的目的和方式

招聘面谈是一项复杂且系统的工作。面试官在面谈前要明确招聘面谈的目的，明确岗位要求，如年龄/学历/经验基本要求、知识要求、技能要求、管理能力要求及其他特殊要求等，才能做到有的放矢地进行面谈。明确招聘面谈目的后，面试官还要根据企业的具体情况作出安排，选择最适合本企业的招聘面谈方式，为企业招到最合适的人才。

（1）**招聘面谈的目的**

一般来说，招聘面谈最直接的目的就是通过招聘面谈和由表及里的测评来考查应聘者的专业知识、工作能力、工作经验等有关信息，帮助企业寻求志同道合、适合企业发展的人才。这也是招聘工作的前提。

具体分析，招聘面谈的目的可以分为以下三点（见图 2－1）。

	招聘面谈的目的
1	深度考查应聘者的综合信息，包括应聘者的仪表、专业知识、工作经验、性格和思维方式等
2	深度挖掘其他渠道获取不到的更丰富、真实的信息
3	考查应聘者的动机和工作期望等

图 2－1　招聘面谈的目的

一是深度考查应聘者的综合信息，包括应聘者的仪表、专业知识、工作经验、性格、思维方式等。虽然这些可以在应聘者提供的简历中窥见一二，但是从某种程度上来说，并不客观、全面，因为应聘者或多或少地都会美化简历。而通过与应聘者直接面谈，面试官可以全方位地直观了解面前的应聘者是一个什么样的人，是否适合企业招聘的要求。

二是深度挖掘其他渠道获取不到的更丰富、真实的信息。一般来说，在应聘者真正进入面谈环节之前，面试官已经初步了解了应聘者的相关信息，例如从应聘者的简历以及与应聘者简短的电话交流中了解其学历和工作经验，从应聘者的笔试中了解其思维方式等，从猎头那里了解应聘者的工作经历、成就和办事风格等，但是这些都远不如通过面谈获得的信息直接、有效。在面谈中，面试官可以通过与应聘者交流，深度挖掘更丰富、真实的信息，包括应聘者对上一份工作的看法、离职原因、如何解决与领导的冲突和矛盾等，进而深入判断应聘者的人际沟通能力、专业能力、思维能力等。

三是考查应聘者的动机和工作期望等。即面试官在面谈中，了解应聘者为什么应聘该岗位、对所应聘岗位的想法、工资待遇需求等，从而进一步判断面前的应聘者加入企业的概率以及是否可以长期服务企业。

（2）**招聘面谈的三种方式**

一般来说，招聘面谈有三种形式，即一对一、多对一、多对多（见图2-2）。下面，我们一一分析。

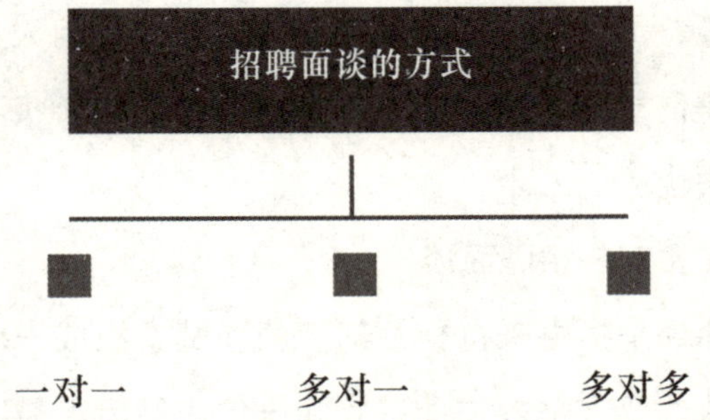

图2-2　招聘面谈的三种方式

第一种方式：一对一招聘面谈。

这是很多企业通常采用的面谈方式，即一位面试官和一位应聘者直接面对面沟通，双方可畅快地提出问题或回答问题。这一面谈方式有 4 个优势。

一是针对性强。面试官可以集中精力了解面前的应聘者，包括应聘者的性格、毕业院校和专业、工作经历等。

二是私密性强。因为面试房间中只有面试官和应聘者，相对而言，应聘者会无障碍地表达自己的想法。

三是双向性。一般来说，面试官和应聘者常常面对面而坐，此时双方会有眼神接触，面试官可以直接地了解应聘者当下的情绪和想法。同时，话语权也体现了双向性，面试官和应聘者都可以提问或表达自己的想法。

四是效率高。一对一招聘面谈因为沟通及时且有效，一般 15 ～20 分钟即可完成。

当然，一对一招聘面谈也有缺点，首先是主观性过强，因为应聘者只面对一位面试官，面试官很可能会凭着个人感受作出决定，所以决策难免有失偏颇。其次，因为是一对一，面试官对面试的时间和程序的把控更具主导性，不需要考虑其他人的感受（多数情况下会把公司规定的面试时间和面试程序抛到脑后）。双方聊得愉快，面试官可能和应聘者聊 1 个小时；双方聊得不愉快，面试官也可能三言两语结束面谈。特别是当一个岗位有多人来面试时，面试官可能在面试前几个应聘者时还能够按照面谈程序进行，但随着时间的推移和疲劳感加重，或者当面试官已经有了心仪的录用人选时，后面的应聘者的面谈就会变得简单随便了。这对排在后面的应聘者极不公平，当然也很有可能因此而错失优秀的人才。

第二种方式：多对一招聘面谈。

多对一招聘面谈是指由来自相关部门的面试官组成一个小组对一个应聘者进行面试，面谈的双方是多位面试官和一位应聘者。最终考查结果也是取所有面试官所给成绩的平均分数或加权平均分。

这种面谈方式有两个优势。

一是决策比较客观。一般来说，面试官由人事部门及用人部门的人员组成，他们可以从各自的角度对应聘者进行考查，并取全部面试官打分的平均分值。这在某种程度上能克服某一个面试官的个人偏见，提高决策的科学性。

二是可综合考查应聘者的能力。相比一对一招聘面谈，多对一招聘面谈所花费的时间更多，涉及面也会更广，面试官可对应聘者提出不同类型、不同角度的问题，以了解应聘者对本岗位、本企业甚至本行业的想法，全方位考查应聘者的性格、专业知识和应变能力、表达能力和思维方式等。

第三种方式：多对多招聘面谈。

多对多招聘面谈的方式也称为集体面试。面试的双方，一方是由多个人组成的面试官团，另一方是应聘者群体。一般来说，面试官会设定一些测试或练习，需要多人合作完成。面试官通过观察，深度考查应聘者的解决问题能力、人际交往能力、逻辑思维能力以及沟通协作能力等。通常情况下，多对多招聘面谈常出现在校园招聘场景中。

它的优势有三点。

一是效率高。多位面试官同一时间面试多位应聘者，可以比较快速地选出适合企业的应聘者。

二是综合性强，考查比较全面。在多对多招聘面谈中，面试官能测试出一对一招聘面谈中所不能检测出的能力或素质，可以考查应聘者是否具有情绪控制能力、沟通能力、协作能力、领导能力、分析问题能力、承压能力等多种能力要素和个性特质。

三是真实性强。在测试或练习中，应聘者不可避免地会暴露自己的各种特质，面试官也能对应聘者的语言表达和肢体动作、微表情等进行全面、客观和立体的评价。

当然，多对多面谈也存在缺点，例如，应聘者可能存在伪装或表演的行为，具有一定的失真性；对测试的题目要求比较高，如果测试题目不具有代表性，将很难发挥出多对多面谈的效果；对面试官的评分技术要求也较高，需要有经验且受过专门培训的面试官。

总之，面试官在做招聘面谈的准备时，首先要明确招聘面谈的目的和方式。这样才能在目的的引领下，更有条不紊地展开工作。

提前一天通知应聘者

通知应聘者虽然看似只是拨打一个电话那么简单，其实里面也蕴藏着大学问。不少企业的面试官在通知应聘者面试时，常常会通知过早，如提前两三天甚至一个星期通知，或者通知过晚，甚至当天通知。这都会直接关系到应聘者做出是否参加面试的决策。

很多企业的招聘工作是由不同的岗位主管来负责的，比如通知应聘者的工作是由 HR 部门负责，而面试工作则由用人部门主管来负责。在本书中对招聘工作的角色分工不作区分，一律统称面试官，以便于阅读。而在实操中，企业可根据自身的岗位职责细分来对号入座。

如果面试官过早通知应聘者，此时应聘者会受记忆力和惰性的影响而放弃面试机会；或者在此期间应聘者成功面试上了其他公司的招聘岗位，从而放弃面试。

如果面试官当天通知应聘者，应聘者很有可能会因匆忙或与其他计划冲突而无法调整时间，进而放弃面试。

根据经验，我们的建议是，通知候选人的最佳时间点：**提前一天**。

周一上午，周薇从招聘网站看见有 3 位应聘者投了本公司的文案策划岗位，周薇择优选择了其中一位，准备通知对方到公司面试。

于是，周薇打电话过去："您好，是李小姐吗？我们是××公司，收到您在××招聘网上应聘文案策划岗位的简历，经过初步筛选，我们认为您符合我们的招聘要求，邀请您周四下午三点到公司参加面试，请问您方便吗？”

应聘者回答：“方便。”

周薇接着说：“好的，面试的相关信息我待会会发到您的邮箱，请注意查收。”

应聘者：“好的，谢谢您。”

挂掉电话之后，周薇把面谈的时间、地址等相关信息通过邮件发给了对方。然而，到了面试这天，周薇没有等到这位应聘者，于是打电话过去询问：“您好，李小姐，我们约定的周四下午三点面试，怎么没有看见您过来呢？”

电话那头，应聘者的声音带着抱歉：“不好意思啊，最近事情太多，我忘了！”

从案例来看，虽然周薇通知应聘者的工作做得很细致，先采用电话通知，接着通过电子邮件的形式将面试的详细信息发送给应聘者，但依然无法避免被应聘者“放鸽子”。虽然我们不确定应聘者口中的“忙”是真实情况还是借口，但如果周薇提前一天通知应聘者或提前一天再次对应聘者进行电话提醒，相信会在很大程度上避免这种情况的发生。

首先，提前一天通知会让应聘者记忆深刻，有效避免应聘者因为遗忘而“放鸽子”的情况。

其次，提前一天更方便应聘者作出时间安排，前来赴约面试，毕竟很少有人能够提前确定自己接下来3～5天甚至是一周的行程。如果应聘者第二天确实因工作繁忙而无法参加面试，面试官也可以通过电话来了解一下应聘者未来几天的工作安排，以便和应聘者预约下次面试时间。

当然，提前一天通知应聘者并不意味着在任何时间点拨打一个电话就完毕了，里面有很多技巧。具体来说，在通知应聘者时要注意以下几点（见图2-3）。

	电话通知的4点注意事项
1	通知的时间点：午休、下班前或晚上8点后
2	通知内容：简历来源、面试时间和地点等
3	适度表达对应聘者的认可
4	电话通知完毕后，再发电子邮件、短信或微信通知

图 2－3　电话通知的 4 点注意事项

（1）**通知的时间点：午休、下班前或晚上 8 点后**

根据权威人力资源机构的调查数据，打面试邀约电话效果最好的时间段有三个：

一是中午 12 点至下午 1 点；

二是下午 3 点 30 分至 5 点；

三是晚上 8 点至 10 点。

因此，面试官在打电话邀约时，可以先参考以上时间段。与此同时，不可否认的是，不少应聘者是在职状态。如果面试官在他们上班的时候打电话通知面试的事情，他们常常因处境尴尬而难以跟面试官进行如实的对话。所以，面试官打电话通知应聘者时，更适宜选在中午休息时或晚上 8 点后。

另外，在正式邀约之前，询问应聘者现在是否方便通话也很重要。如果对方此时不方便，那么面试官可以和对方约定一个方便通话的时间。

（2）**通知内容：简历来源、面试时间和地点等**

面试官在打电话邀请应聘者面试前，要先想好通知的内容。一般来说，通知内容包括简历来源、面试时间和地点等。

这里，我们列举几例：

“您好，我们是××公司，在公司的招聘邮箱里收到了您的应聘简历，请问您现在方便通话吗？”

“您好，我们是在××招聘网上收到了您应聘××公司××职位的简历，请问您还考虑应聘这份工作吗？”

“您好！××猎头公司给我们推荐了您的简历，请问您现在对××公司的××职位的工作还感兴趣吗？”

“方便的话，能请您明天下午 2 点来我们公司参加面试吗？”

“我们公司在……我留意到您住的地方距离我们公司有半个小时的车程，您方便明天上午 10 点来公司参加面试吗？”

“张小姐，我们约在明天下午 3 点面试，您看行吗？我们公司的地址是……”

“李先生，我们约在明天面试可以吗？您这边是上午方便还是下午方便呢？”

如果应聘者说可以，此时面试官可进一步说：“那您来的路上要注意安全，如果您找不到地址可以联系我们。”虽然只是简单的一句话，却能成功地提升应聘者赴约的概率。此外，面试官还可以通过微信给应聘者发送公司的位置定位。

需要注意的是，声音能够传递出一个人的情绪、性格和亲和度，因此，面试官在与应聘者通话的过程中，语速要适度放缓，语气要温和，语调要上扬、诚恳、积极，让对方感觉到面试官的友好和真诚，进而更愿意接受面试邀请。

（3）**适度表达对应聘者的认可**

一般来说，当应聘者进入面试流程时，说明该应聘者能力尚可，初步满足企业的选人标准。因此，面试官要适度表达对应聘者的认可，增强他们接受邀约并参加面试的意愿。具体来说，面试官可以表达以下几点。

一是告知应聘者，企业经过初步评估，认为其符合岗位需求。如“我们经过初步评估，认为您非常符合我们的岗位需求。”这句话会暗示应聘者该企业招聘有一定的门槛，流程正规，能增加应聘者求职的信心和对企业的认同度。

二是称赞应聘者的学历和工作经历等，增强对方的荣誉感，同时也能赢得对方的关注。

三是表达面试官对第二天面谈的期待和关注。如“根据您的专业和工作经历，我们觉得您很适合来应聘我们公司的 × × 岗位，所以我们也很期待您明天能够来我们公司，咱们可以深度详谈。”

面试官在说这些话语时，表达要自然，不能带有谄媚之意、讨好之嫌。

（4）**电话通知完毕后，再发电子邮件、短信或微信通知**

电话通知完毕后，面试官不要认为通知工作就到此为止了。面试官可进一步将公司的名称、地址、乘车路线，甚至是面试当天的天气等信息，一并发送到对方的手机上或邮箱里。据权威人力资源机构的调查数据，做到这点的公司面试邀约成功概率要比没做到这点的公司高出 10 个百分点，体现出礼貌、专业和细致更会赢得应聘者的好感。无论是电子邮件通知、手机短信通知，还是微信通知，都应该在电话通知时告知应聘者，以确保应聘者可以收到并查看到这个正式的面试通知。

电子邮件内容包括主题、公司的发展情况、薪酬福利待遇、乘车方案和地图等。

例如，“主题：邀请 × × × 于 202 × 年 × 月 × 日前来 × × 公司参加面试”

正文内容：“我们公司于 201 × 年创立，经过……（公司的发展情况）；我们公司的薪酬福利待遇有……；到达我们公司的乘车方案有三种：一是……；二是……；三是……；最后附上我们公司位置的地图。”

短信或微信通知包括公司的名称、地址、乘车路线以及简单的问候语。

例如，“ × × 您好， × × 公司通知您于 202 × 年 × 月 × 日下午 3 点到公司参加面试。公司的地址是……您可以乘坐 × × 路公交车至 × × 路下车，东行 100 米， × × 大厦 B 座 12 × × 室。路上请注意安全。如果找不到，请及时联系我们。”

总之，若因为通知应聘者的时间不当，而影响对方对是否参加面试的抉择，对公司来说是一件很可惜的事情。所以面试官要记得提前一天通知应聘者或提前一天与应聘者确认面试时间，并使用对的方法，有效增加对方赴约面试的可能性。

面试官形象的塑造和需具备的素质

面试官的个人形象、能力和素质往往代表着企业的形象。应聘者会通过与面试官的接触来判断该企业的整体水平以及企业文化。同时，根据相关研究，面试官的形象和素质会直接影响应聘者对企业的印象和好感度，进而影响其争取职位的积极性。因此，面试官在正式面谈之前，甚至是整个面谈过程中，都必须注意自身的形象和素质。

周亚茹收到一份面试邀请，应约前去公司参加面试。

敲门进入面试间后，周亚茹看见面试官靠在椅子上，脸上的表情很是傲慢，拿着自己的简历不断前翻后翻，纸张发出刺耳的声音。

面试官见周亚茹进来了，直接问道："我看你是××大学××专业的，你们这个专业在你们学校好像很一般啊！"

周亚茹内心诧异，仍礼貌地回答："确实是这样，主要是因为我们这个专业开设不久，但也正因为这样，学校非常重视这个专业，给我们请了专业领域里最好的老师，也提供了很多实习机会，所以专业能力这块您完全可以放心。"

面试官听了之后，不置可否地"哦"了一声，继续说道："我看你距离上份工作的时间已经有三个月的空缺，你这段时间都在做什么呢？"

周亚茹回答："那段时间我的母亲生病住院了，刚好我又因为辞职有空闲时间，于是我就干脆没有找工作，专心照顾了母亲一段时间。"

面试官一脸质疑，语气不善："是吗？这么巧吗？"

周亚茹看到面试官的表现，心想："面试官这么没有素质，这家公司估计也不怎么样。即便面试成功了，我也不会来！"

从案例来看，正是因为在面谈过程中，面试官表现出的傲慢和不专业，让周亚茹内心产生不适，进而产生放弃入职该企业的想法。从某种程度来说，面试官不仅仅是参与面试的个人，更是企业的形象代言人。换言之，面试官的外在形象和表现，会直接影响应聘者对企业的评价。因此，面试官一定要注意自己的外在形象和言行举止，举止要大方得体，说话也要注意分寸，给应聘者留下一个好的印象。具体来说，面试官要做好以下两点。

（1）**塑造干练、得体的良好形象**

在心理学上，"第一印象效应"是指交流双方形成的对另一方第一次的重点记忆印象并会对今后交往关系产生的影响，即"先入为主"带来的影响。换句话说，如果面试官的外在形象给应聘者留下良好的第一印象，应聘者就会对面前的面试官产生一定的好感，进而对企业也产生良好的印象。

同时，心理学相关研究表明，初次见面，45 秒就能产生第一印象，主要包括容貌、衣着、姿势和面部表情等。因此，面试官要想塑造良好的形象，就要对外表、声音、仪态、言行、礼节、精神面貌等一切涉及个人外在形象的因素进行控制。下面，我们从三个方面具体阐述（见图 2－4）。

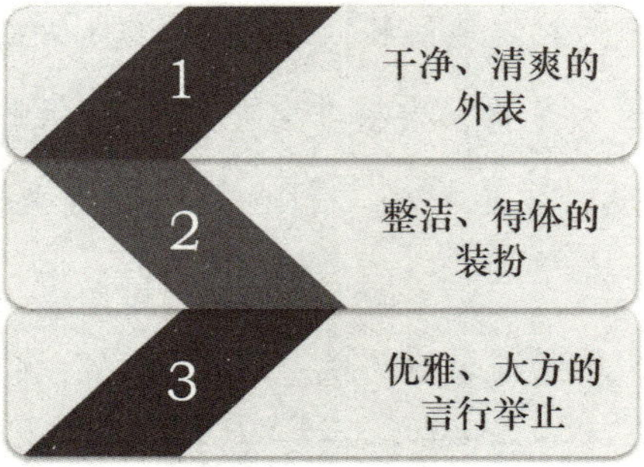

图 2－4　塑造良好的形象

一是干净、清爽的外表。有的面试官常常不注意自己的形象，如头发油腻且有头皮屑、满脸油光、牙齿也不洁净……首先，这一形象不具有美感；其次，这一形象也会让应聘者觉得自己不被尊重；最后，这一形象也会影响企业的形象。

相反，保持干净、清爽的外表，能有效地给对方留下良好的第一印象。保持干净、清爽的外表需做到：面试前清洗头发，保持头发清爽、丰盈，发型得体；保持面部清爽、牙齿干净洁白；用淡妆修饰面容，体现干净、清爽之感。

二是整洁、得体的装扮。考虑是面试场景，有工装的企业，面试官必须穿工装进行面试，反映企业整体的精神面貌。无工装的企业，建议男性面试官尽量穿正装；女性面试官可穿套装或裙装，身上的饰品不宜过多，点到为止即可。同时，要保持衣服的清洁和平整。总体来说，男士打扮要偏绅士，女士要大方优雅，给人宛如"清风拂面"的感受。

除了衣服外，面试官同样也要保证鞋子的干净、整洁，及时擦去鞋子上的污垢。如果鞋子破损厉害，要及时更换新的鞋子。

三是优雅、大方的言行举止。给应聘者带来不良心理感受的言行举止有：面色冷厉高傲、目中无人、精神状态低沉、靠在椅子上、跷着二郎腿、抱着胳膊、言语粗鄙、当着应聘者的面挖鼻孔或掏耳朵等。这些表现都会让面试官的形象在应聘者的心中大打折扣。因此，保持优雅、大方的言行举止，也是塑造良好形象的关键环节。具体来说，面试官的动作要不紧不慢，坐姿要端正，说话要温和有分寸，举止要礼貌又大方。

（2）**面试官需具备的4个素质**

除了要关注自身的外在形象是否得体之外，面试官还要注意在面谈中表现出的自身素质。具体来说，面试官需要具备以下几个素质（见图2-5）。

一是良好的个人品格，为人正直、公正。这是面试官必备的基本素质。如果面试官为人不正直、不公正，是很难为企业招到良才的。具体来说，面试官要克服以貌取人、凭个人喜好主观评价应聘者的倾向，同时也不要给自

	面试官需具备的4个素质
1	良好的个人品格，为人正直、公正
2	专业素质
3	良好的沟通能力和表达能力
4	洞察能力

图2-5　面试官需具备的4个素质

己喜欢的但不适合岗位的应聘者开“后门”。

二是专业素质。专业素质是面试官所要具备的重要素质。如果面试官的专业素质不强，那么他就很难判断应聘者是否能够胜任该岗位，从而影响面试的效果。一般来说，专业素质包括熟悉该岗位人员所需要的知识、技能和经验等，知道什么性格特征的人适合做这份工作，熟悉招聘渠道和流程，了解本行业发展的情况等。所以，面试官要多研究招聘岗位的相关信息，包括岗位职责和任职资格等。同时多搜集一些该行业现在的发展情况等，以便和应聘者进行专业而深入的交流。

值得一提的是，面试官的专业素质除了体现在知识和技能上之外，还表现在将面谈的重点放在交流与岗位有关的事情上，而不是花时间去探听应聘者的个人隐私，如家庭情况、婚姻情况等。

三是良好的沟通能力和表达能力。面试官的沟通能力和表达能力在面谈中发挥着重要的作用。如果面试官缺乏基本的沟通能力和表达能力，双方的交流可能不会顺畅，面试官也很难获取关键信息。因此，建议面试官多观看相关的面试视频，训练自己的逻辑思维能力和表达能力，事先设计好需要提出的问题，同时又要表现出真诚和友好的态度。

四是洞察能力。这一般由面试官的经验积累而成。具体来说，面试官可通过应聘者的表达方式、思维方式、肢体动作和微表情等，以小见大，去伪存真，挖掘深层次的信息，对应聘者形成客观的综合评价。这需要面试官在与应聘者交流的过程中，多注意观察。当然，面试官不能戴着“有色眼镜”或者持偏见观察应聘者。

总之，面试官的形象和素质直接影响着企业在应聘者心中的形象，所以，面试官务必要注重提升自己的形象和素质，给应聘者留下良好的第一印象，从而提高招聘成功的概率。

准备好应聘者及公司的有关资料

“工欲善其事，必先利其器。”面试官在正式面谈前，要准备好应聘者及公司的有关资料。这也是面试官在面试前准备工作中的重要一环。

事实上，不少面试官认为没有必要准备应聘者及公司的相关资料。尤其在小微企业，管理者直接充当面试官，他们往往凭借自己的经验和直觉去招聘，很少会提前准备相关资料。然而，如果缺少准备应聘者及公司的有关资料这一环节，招聘面谈的效果就会大打折扣。

应聘者应约而来。宋阳刚从忙碌的工作中抽身，匆匆忙忙地与应聘者展开面谈。

因为时间匆忙，宋阳也没有打印应聘者的简历。面谈一开始，宋阳说道：“我记得你是××大学毕业的吧！呃……你先介绍一下自己吧！”

应聘者在介绍自己时，宋阳并没有认真地听，她一直在想接下来应该聊什么。应聘者自我介绍后，宋阳又简单地问了几个问题。接着，宋阳向应聘者介绍了一下企业情况，但是很多关键数据自己却记不清了，只能模糊地一带而过……

这场尴尬的面谈总算熬过去了。面谈结束后，宋阳觉得双方似乎没有聊什么重要信息，她也不知道这个应聘者是否适合公司。

那些招聘规范化的企业的负责人看到这个案例可能会觉得很好笑，但这个案例却是非常典型且普遍的。为什么会出现这种情况呢？关键在于宋阳没有提前准备好应聘者及公司的有关资料。在面谈的过程中，由于宋阳内心缺乏依据和底气，既不能有的放矢地提供公司的有效信息，也无法自如地提问，招聘面谈的效果很不理想。

提前准备好应聘者及公司的有关资料，不仅能帮助面试官在面谈的过程中进行有针对性的提问，以挖掘出更有利于公司招聘决策的信息，还能使面试官在向应聘者介绍企业情况的时候显得有备而来，精准、快速地向应聘者传递企业的价值和优势，增强应聘者加入公司的意愿。

（1）**准备应聘者的有关资料**

不少面试官觉得应聘者的资料应该由应聘者本人准备，但从面谈实践来看，不少应聘者会出现忘记准备或没有准备求职简历的情况。而且，应聘者的相关资料，不只是一份简历这么简单。具体来说，面试官需要准备以下 4 种与应聘者有关的资料（见图 2－6）。

	应聘者的有关资料
1	应聘者统计表
2	应聘者的简历
3	应聘者个人资料登记表
4	应聘者的面谈评价表

图 2－6　应聘者的有关资料

一是应聘者统计表。一般来说，企业在招聘期间，会向多位应聘者发出面试邀请。为了避免出现人员遗漏，面试官可对参加面试环节的应聘者按照约定的时间进行排序，并确定面试地点和面试官人选。尤其是采用多对一、多对多的面谈方式时，个别面试官可能对应聘者完全不了解，只是临时被拉来参加面谈。这个时候，一份完善的应聘者统计表就显得尤为重要，可以帮助面试官快速了解本场面谈的人员整体特性。

二是应聘者的简历。面试官可提前将应聘者的简历打印出来，或者储存到面试时会用到的电子设备中，并根据应聘者统计表作出对应安排，以避免因为安排密集而出现面试官拿错简历的情况。除了简历外，面试官还可以将应聘者的其他资料一并整理出来，如应聘时发过来的个人设计和作品等。

三是应聘者个人资料登记表。这份表格要提前打印好，且是空白的，供应聘者在面谈之前填写。通过这份表格，面试官可大致了解应聘者的基本信息，包括姓名、性别、居住地址、家庭成员情况、工作经历、技能等。虽然这部分信息在招聘者的简历上也会有所展示，内容也大同小异，但是两者还是有区别的。

首先，应聘者的简历是应聘者个人自主设计的，而个人资料登记表是由企业设计的。可能企业想要考查的重点信息在应聘者的简历上并没有呈现出来，因此，个人资料登记表有它自身的价值。

其次，简历是对应聘者个人学历、经历、特长、爱好、获奖情况、工作经历及其他有关情况所作的简明扼要的书面介绍，它能让面试官对应聘者的学校生活、社会经历有一个系统的了解。而个人资料登记表主要用于登记应聘者个人的一些相关信息，比如联系方式、身份证号码、家庭住址、家庭成员及其联系方式等，一般作为档案进行存档管理，以便及时联系或查证信息。

现在很多企业在面试前会通过网络让应聘者填写个人资料登记表。企业设计个人资料登记表，通过网络交由应聘者进行填写，面试官可以在面试前先将应聘者填写好的个人资料打印出来或直接通过电子设备查看。凡是应聘者希望企业了解的内容和自行提交的内容统一并入应聘者的简历部分，而企业希望考查应聘者的内容则并入此部分。除了应聘者个人资料登记表外，对于高管类的岗位还可以要求应聘者提交过去 3 年工作的总结报告和对应聘岗位未来 3 年的工作规划。将这些内容提前提供给面试官，可以有效地帮助面试官全面了解应聘者，在面谈提问时能更有针对性。

四是应聘者的面谈评价表。面谈评价表是对应聘者在面谈中的表现进行评价的表格，其内容包括应聘者的个人基本素质（仪容、表达能力、逻辑思维能力、应变能力、情绪稳定性等）评价、相关工作经验及专业知识（学习能力、专业知识和工作技能与岗位的匹配度等）评价、录用适合性（个性特征与企业文化的相融性、职位胜任力和发展潜力等）评价，以综合判断应聘者的能力与企业需求的匹配性。

需要注意的是，考虑当面填写评价表会给应聘者带来心理压力，所以建议面试官在面谈后填写。当然，面试官也可以在面试过程中简要记录自己认为值得记下的重要信息。建议准备 2 份面谈评价表，一份是草稿，一份是正式稿。15 分钟的面谈本就时间紧张，面试官的大脑高速运转，要注意观察应聘者的行为、眼神、微表情等，面谈过程中存在随时调整提问的可能，很难有充分的时间进行记录。因此，在面试过程中，应提供一份草稿，让面试官可以随意记录，不用考虑文字和版面的整洁等。有时对某个应聘者第一印象良好，评价较高，但随着交谈的深入发现应聘者并不适合该岗位，这时面谈评价表的内容可能会被修改。特别是当多个应聘者一起面试的时候，给前面的应聘者的分数已经很高了，若后面出现了一个更适合的应聘者，也会影响对所有应聘者的最终评价。面谈结束后，面试官可以在正式稿中整理自己的面谈评价，记录下最终自己对所有应聘者的客观评价。

在这里还要特别强调一下，给面试官准备的资料并不是越多越好。比如在实践中，有些企业的 HR 会把对应聘者简历筛选后的评价一并提供给面试官，同时还会按照 HR 对简历的评价排序来安排面试顺序，并认为这样是高效的面试方法。但实际上由于简历信息的局限性，单纯通过简历筛选形成的评价往往会比较片面，将这种片面的信息提供给面试官，在很大程度上会对面试官的评判造成影响，特别是对一些第一次做面试官的人来说，往往会下意识地倾向于认同 HR 的评判。如果面试也是按照 HR 对简历筛选后的评价顺序来排序，这种暗示的效果就更加明显。实践证明，只有少数经过系统培训的职业化面试官在这样的招聘流程设计中还能对应聘者保持客观公正的评价。

（2）**准备公司的有关资料**

除了要准备好应聘者的有关资料，面试官还要准备好公司的有关资料，以便能够在较短的时间里从各个角度向应聘者介绍公司及岗位的相关信息，让应聘者对公司建立更全面的印象，产生具体的感受，增强面谈的效果。

具体来说，公司的有关资料包括以下三种（见图 2－7）。

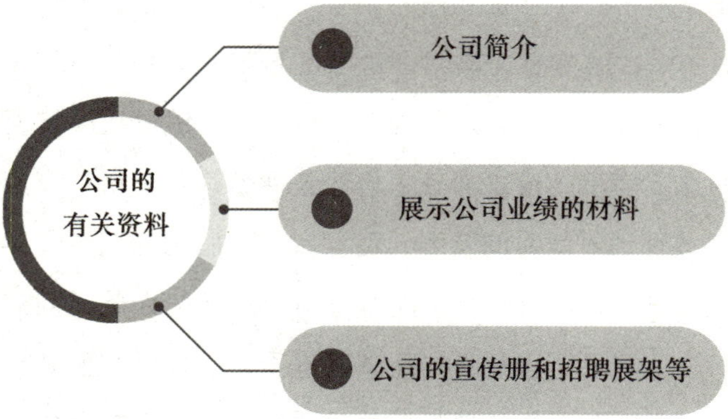

图 2－7　公司的有关资料

一是公司简介。一般来说，公司简介包括公司的概况、发展情况、公司文化、主要产品、优势、待遇等。这些情况一般是由面试官口述。为了介绍得更详细、具体，让应聘者印象深刻，或避免出现面试官表达不全面的情况，面试官可以准备一份公司简介放在旁边。

二是展示公司业绩的材料。在面谈时，向应聘者展现公司业绩的材料也很重要，既能提升公司形象，又能吸引应聘者。需要注意的是，面试官在展示公司业绩的材料时，最好选择与应聘者所应聘的岗位相关的业绩，既能使人信服，又不显刻意。

三是公司的宣传册和招聘展架等。为了营造热烈的招聘氛围，面试官可以在公司的某些区域放置一些宣传册和招聘展架。在招聘展架上除了展示一些能够吸引应聘者的信息，如薪资待遇、企业文化等，还可以展现一些突出团队氛围的信息，如培训会的图片等。这一方法尤其适合校园招聘。因此，面试官要提前根据面试的主题和内容设计海报，并安排好展架和宣传册。

值得一提的是，面试官或相关人员在准备完这些资料后，要有序地放在某个特定区域，而不是随意乱放，否则即便准备齐全，也会出现纰漏。万无一失是对准备环节工作的最高要求。

充分了解招聘岗位的用人标准

不少面试官在招聘面谈前，常常抱着这样的想法：

把人招聘来再说，不行再换掉；

看人要看感觉，不要设定条条框框；

人才都是要培养的；

反正招聘不到绝对合适的人才，招聘个差不多的就行了；

…………

其实，他们在面试前并没有充分了解招聘岗位的用人标准，在面谈过程中，对应聘者也没有明确的评估标准，结果很容易出现招聘来的人并不适合岗位要求的情况。如此一来，既浪费了面试官的时间和精力，又增加了公司的人力成本。

房地产文案策划岗位需要再招一个人，领导安排邹颖负责这件事。邹颖刚加入公司不久，虽然她已经有了两年的招聘经验，但她并不是很了解房地产文案策划的用人标准。然而，邹颖仍不以为意，觉得招人看“感觉”就好了，先聊聊再说。

在招聘面谈过程中，邹颖问应聘者：“你以前做过文案策划工作吗？”

应聘者回答：“我在上个公司从事文案策划的工作，做了两年时间！”

邹颖点头，陆续问了几个相关问题，就通知应聘者可以入职。

没想到，该应聘者以前从事的是快消品行业文案策划工作，这些经验对其从事房地产文案策划工作完全没有用。最终，应聘者工作了两个月，仍无法适应，于是选择离职。

从案例来看，正是因为邹颖没有充分了解房地产文案策划岗位的用人标准，所以在面谈的时候并不能有效地考查应聘者是否适合该岗位，草率决定让应聘者入职，结果导致其不适应而离职。

美国著名作家戴维·P. 琼斯在其著作《百万招聘：如何让招聘的回报最大化》一书中写道："招对了人，带来百万效益。聘错了人，造成百万损失。"可见，招到对的人对企业来说多么重要。而要想招到对的人，面试官必须充分了解招聘岗位的用人标准。

所谓"招聘岗位的用人标准"，是指企业的面试官在明确企业的发展阶段、战略、企业文化和岗位知识技能要求等信息的基础上，了解企业招聘岗位的应聘者要具备什么样的技能和品质，挖掘真正适合企业发展需求和岗位要求的人才。

具体来说，面试官要做好以下几点（见图 2-8）。

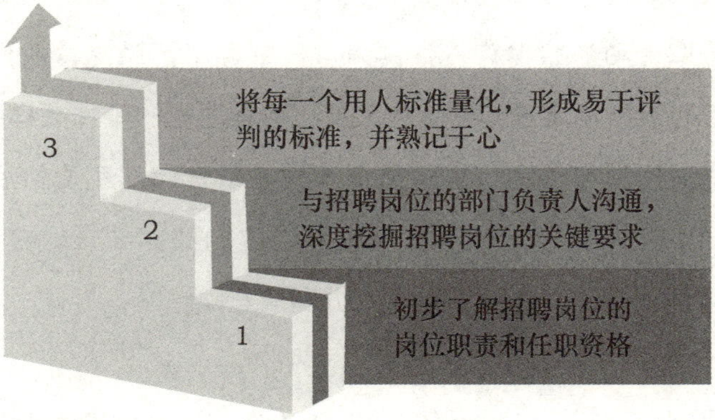

图 2-8　充分了解招聘岗位用人标准的三个步骤

（1）初步了解招聘岗位的岗位职责和任职资格

一般来说，岗位的用人标准常涉及两大类，即岗位职责和任职资格。

岗位职责是指员工需要完成的工作内容以及应当承担的责任范围；任职资格是指为了保证工作目标的实现，员工必须具备的知识、技能、能力和个性等方面的要求，它常常以胜任岗位所需的学历、专业、工作经验、工作技能、能力等加以明确。

一般来说，岗位职责和任职资格信息由需要招聘的部门提供。当面试官拿到岗位职责和任职资格信息时，可自行阅读，形成对招聘岗位所需人才标准的初步认识。在阅读相关材料的时候，面试官要做到以下两点。

一是圈出自己有疑惑或感兴趣的信息，并作进一步了解。比如查阅相关资料或向同事请教，尤其要向有招聘岗位面试经验的人请教。

二是反向思考岗位职责和任职资格，面试官不仅要看写出来的这部分信息，还要能“看见”没有写出来的那部分隐含信息。例如，招聘岗位要求“有良好学习与团队协作能力，肯吃苦耐劳”，此时面试官要反向思考，即如果应聘者不善于团队协作，不愿意吃苦耐劳，则不适合该岗位。

（2）与招聘岗位的部门负责人沟通，深度挖掘招聘岗位的关键要求

不同岗位的岗位职责和任职资格是不同的，即便是同一个岗位，如果在不同的部门，其岗位职责和任职资格也会不同。所以，如果面试官仅凭借写在纸上的岗位职责和任职资格，就认为自己掌握了招聘岗位的用人标准，是不准确的。没有谁比用人部门的负责人更了解需要招一个什么样的人。

所以，面试官在初步了解招聘岗位的岗位职责和任职资格后，还要与招聘岗位的部门负责人沟通，深度挖掘招聘岗位的关键要求。在沟通过程中，面试官可以通过提问的方式逐步引导对方厘清思路。

“你们部门将要招募一个动漫设计人员，除了基本的岗位职责和任职资格外，你认为对方还需要具备什么能力或品质？”

“这个岗位的工作人员专业水平需要达到什么程度？”

“该岗位工作人员需要在部门中充当什么角色，必须具备什么样的技能?”

“你希望这个岗位的应聘者最好具备什么技能?”

“该岗位的工作人员需要承担哪些责任? 可以具体分析一下吗?”

“根据你们部门当前的薪酬承受能力，招聘岗位的薪酬区间是多少呢?”

“岗位职责上有一项是‘熟练使用 3D MAX、PS、BODYPAINT 等建模和美术设计软件’，如果对方只具备其中两种技能，还需要考查吗?”

“我不是很明白 ×× 的意思，能请您解释一下吗?”

“你希望招聘岗位的应聘者具备什么样的性格，有什么个性特质呢?”

…………

通过提问，面试官可与用人部门负责人进一步沟通，了解每一个用人标准背后更具体、更详细、有针对性的信息。同时，面试官也要对重要信息做好记录，以达到充分了解招聘岗位用人标准的目标。

（3）**将每一个用人标准量化，形成易于评判的标准，并熟记于心**

完成以上两个步骤后，面试官可进一步量化招聘岗位的用人标准，形成易于评判的标准，并熟记于心。

例如，面试官可将用人标准分为四类：与招聘岗位相匹配的能力（思维模式、知识技能和技能熟练程度）、与招聘岗位相匹配的职业性格、与招聘岗位相匹配的职业动机和责任心、与招聘岗位相匹配的基础素质。然后将其与用人部门提供的用人标准进行一一对应，以充分了解用人部门到底想要招一个什么样的人才，或什么样的人才才是该岗位需要的对口人才，参见表 2 - 1。

表 2-1　四类用人标准对应表

用人标准	具体要求（示例）
与招聘岗位相匹配的能力	1. 熟练使用 PS、AI、CDR 等相关软件，具有相关印刷知识； 2. 能熟练运用视觉元素，对图片有较强的审美能力，能根据刊物定位创新版面风格
与招聘岗位相匹配的职业性格	1. 性格开朗者优先考虑； 2. 注重细节，有较好的团队合作意识
与招聘岗位相匹配的职业动机和责任心	1. 热爱设计工作； 2. 能积极、主动地完成领导交代的其他工作
与招聘岗位相匹配的基础素质	1. 诚实守信； 2. 身体健康

总之，面试官能否充分了解招聘岗位的用人标准是非常重要的。换句话说，面试官越是能充分了解招聘岗位的用人标准，就越能够为企业招募到志同道合、适合岗位发展的人才，为企业创造巨大的经济效益。

设计好面谈的框架

设计面谈的框架是面试官在招聘面谈准备中的一项基本任务。面谈的框架对整个招聘面谈能否有计划、按步骤、有条不紊地进行有着非常重要的影响。一般来说，面谈的框架包含以下 4 个模块（见图 2 –9）。

	面谈框架的4个模块
1	相互介绍模块：建立初步的了解，营造轻松的面谈氛围
2	考核模块：通过提问、倾听来评估应聘者是否具备招聘岗位所需的核心才能
3	展示模块：介绍企业情况、招聘岗位要求及任职资格等
4	收尾模块：明确双方是否能够达成一致

图 2 –9　面谈框架的 4 个模块

一是相互介绍模块，即建立初步的了解，营造轻松的面谈氛围。在面谈启动阶段，面试官通常会通过寒暄来营造轻松的气氛。在轻松的气氛中，会让应聘者先进行自我介绍。在应聘者自我介绍的过程中，面试官会初步了解应聘者的相关信息，如应聘者的院校背景、工作经历、爱好、婚姻状况等。此外，面试官也会进行自我介绍，介绍自己的姓名、身份和此次招聘的任务，例如："你好，我是此次的面试官，我叫×××，负责这次××岗位的招聘工作，很高兴认识你。"

二是考核模块，即通过提问、倾听来评估应聘者是否具备招聘岗位所需的核心才能。在这个环节，面试官一般是根据提前设计好的问题清单，结合应聘者的具体情况进行有针对性的提问，全方位考查应聘者的求职意向、工作态度、技能、性格特征等情况，同时从应聘者的回答过程以及答案了解其思维能力和表达能力等，进而判断其是否满足招聘岗位的人才要求。

三是展示模块，即介绍企业情况、招聘岗位要求及任职资格等。在这个环节，面试官的重点是向应聘者介绍企业的有关情况，包括企业的发展史、经营的主要业务以及企业做出的成就，尤其要多展示与招聘岗位相关的成就，吸引应聘者。对于初创型企业，对企业未来发展前景的介绍至关重要。此外，面试官也要展现招聘岗位的任职资格，让应聘者清楚地知道若想成功应聘上此岗位，需要具备什么才能和资质。

四是收尾模块，即明确双方是否能够达成一致。在面谈收尾环节，面试官要了解应聘者的求职意向和对薪资待遇的要求，确认好这两个问题后，面试官要再次询问应聘者是否还有疑问。如果有疑问，继续解答，直至消除所有疑问。

以上 4 个模块组成了面谈的一般框架，但这并不意味着这一框架适合所有的招聘面谈。每个企业都有其独特的特点，每个应聘者也有其独有的特点，因此面试官要根据本企业的发展阶段、发展战略和规模，岗位的特点和应聘者的特点作出相应调整，设计出符合实际情况的面谈框架。

（1）**根据企业的发展阶段、发展战略和规模设计面谈框架**

每个企业的发展都有其独特的特点，如果套用同一个框架，就难以发挥出面谈的效果。所以，面试官要根据企业的发展阶段、发展战略和规模，设计适合本企业发展需求的面谈框架。

一是企业的发展阶段。一般来说，企业发展要经历 4 个阶段，即初创期、成长期、成熟期和衰退期，处在不同发展阶段的企业，其招聘的重点也有所不同。所以，企业在设计面谈框架时，要明确企业处于什么样的发展阶段。例如，初创期的企业的招聘任务是“活下去”，业务和市场对企业来说尤为重要，面试官要多招聘具有相关经验的复合型人才，要求一技多能、一人多岗，那么设计面谈框架时要侧重于考查人才解决复杂问题的能力、判断与决策能力等；而成熟期的企业发展日趋完善和稳定，此时的招聘任务是多招聘一些能利于企业创新的优秀人才，那么设计面谈框架时要把对人才创新能力的考查作为重点。

二是企业的发展战略。企业在不同发展阶段，受企业的管理者经营理念的影响，其发展战略也会不同。企业在不同的发展阶段对人才的需求也是不同的，因此面谈框架也会有所不同。例如，某个企业的发展战略是差异化（指为使企业产品、服务、企业形象等与竞争对手有明显的区别以获得竞争优势而采取的战略，如产品差异化、服务差异化和形象差异化等），那么在该发展战略下，人才的创新能力是至关重要的，因此面试官在设计面谈框架时，要把考查应聘者的创新能力作为重中之重。

三是企业的规模。企业规模的大小也影响着面谈框架的设计。一般来说，大企业的招聘由专门的人力资源部门负责，对人才的需求呈现出多样化、层次化的特征，岗位细分也更明确，更看重应聘者的文凭和资质；小企业的招聘一般由企业的老板负责，更注重应聘者的综合能力。所以，规模不同的企业在设计面谈框架时的侧重点也有所不同。前者更注重考查应聘者的文凭、资质；后者更注重考查应聘者的综合能力。

（2）**根据岗位的特点和用人标准设计面谈框架**

每个岗位都有各自的特点，如果面试官用统一标准去应对所有岗位的招聘面谈，也是不合适的。因此，面试官要根据招聘岗位的特点和用人标准去设计面谈框架。例如，企业需要招聘一名前台，此时面试官要把面谈框架设计的重点放在介绍模块，重点考查应聘者的个人形象、普通话水平和性格是否大方、开朗等；如果企业需要招聘一名销售员，面谈框架设计的重点就要放在考查应聘者的销售技能和口才等。

（3）**根据应聘者的情况设计面谈框架**

要使面谈的框架更契合实际招聘需求，面试官还要根据应聘者的不同情况设计不同的面谈框架。一般来说，如果应聘者是大学生，设计面谈框架的重点就要放在考核模块，通过提问了解该应聘者的院校、所学专业，招聘岗位是否对口，是否满足任职资格等，即评估应聘者是否具备招聘岗位的核心才能；如果应聘者是猎头挖过来的人才，此时设计面谈框架的重点要放在展示模块和收尾模块，即面试官要向应聘者展现企业当前的发展情况和成就以及未来的发展前景，吸引应聘者加入企业，创造成绩。同时，也要确认应聘者加入企业的意愿是否强烈。

总之，面试官既要参考一般招聘面谈的框架，又要有针对性地根据本企业的性质、岗位的特性和应聘者的特点，作出相应的调整，使设计出的面谈框架更能发挥出实际价值。

准备好面谈的问题

招聘面谈中，对话往往是由问题开启的，而且提问的一方一般是面试官。面试官通过提出各种各样的问题获得自己想要的信息，进而判断眼前的应聘者是否适合企业或其应聘的岗位。

当然，面试官的问题不是随意提出的，而是要根据用人标准和应聘者的简历信息，找出应聘者的优势、局限和疑问点，并设计、编排面试问题。提前准备好面谈的问题，不仅能够有效控制面谈的节奏，还能够避免面谈过程中出现疏漏。所以，在面谈准备环节，最好将准备的面谈问题列入提问清单，以便面谈时可以随时查阅。

一般来说，招聘面谈的问题包括六大类，即个人信息类问题、求职意向类问题、求职动机和工作态度类问题、性格特征类问题、承压能力类问题、职业发展规划类问题（见表2－2）。这六大类问题能够全方位考查应聘者是否适合招聘岗位和企业的需求，未来职业潜力如何等，真正帮助面试官检测应聘者各方面的能力。

表2－2 六大类面谈问题及示例

问题类别	示例
个人信息类问题	“你大学学的是××专业，如果用一句话总结你所学的专业，你会说什么？” “为什么你会申请一个与你的专业不相关的岗位呢？”

（续表）

问题类别	示例
求职意向类问题	“对于你所应聘的岗位，你认为有哪些可预见的困难？” “对于你所应聘的岗位，你觉得你的优势和不足是什么？”
求职动机和工作态度类问题	“你在选择这份工作时，最看重的是什么？” “你对薪资待遇的要求是什么？它是你在选择一份工作时，第一考虑的因素吗？”
性格特征类问题	“你怎么评价自己/你认为自己是一个什么性格的人？” “你喜欢和什么样的人交朋友？”
承压能力类问题	“你加班做出来的方案，却被领导否决了，你会怎么处理？” “如果你入职了，但是 2 个月后，你发现自己无法适应这份工作，你会怎么办？”
职业发展规划类问题	“请问，你未来 3 ～ 5 年的职业目标是什么呢？” “如果给你选择的机会，你最希望/有兴趣从事的职业是什么呢？为什么？”

（1）**深入了解个人信息类问题**

个人信息类问题主要是指面试官根据应聘者简历上的院校专业、在校情况、工作经历、婚姻状况、个人经历、业余爱好等个人信息提出的问题，考查的是应聘者的基本情况，了解其教育背景如何、专业能力如何、在校表现如何、过去从事过什么工作等，也能侧面考查应聘者是否对自己有一个比较全面、理性的认识，是否善于自我总结，人际交往能力如何等。同时，面试官也可以从应聘者的回答中了解其表达能力、概括能力、逻辑思维能力等。

深入了解个人信息类问题如：

“你大学学的是××专业，如果用一句话介绍你所学的专业，你会说什么？”

“为什么你会申请一个与你学的专业不相关的岗位呢？”

“大学时期，你最喜欢的一门课程是什么？为什么？”

“在你过往的工作经历中，你遭受的最大的困难/挑战/挫折是什么？”

“在你过往的工作经历中，最让你觉得有成就感的事件是什么？”

…………

（2）**考查求职意向类问题**

求职意向一般是应聘者根据自己的爱好和能力作出的职业规划，明确自己想要从事的职业，从而有针对性地寻找合适的工作。通过提出求职意向类问题，面试官可以了解招聘岗位和应聘者的职业规划是否一致，应聘者对招聘岗位的熟悉程度、认知程度，加入该岗位的意愿是否强烈，应聘者是否已经做好了充足的准备等。一般来说，应聘者对招聘岗位和企业的信息了解得越多、越深入，越能说明应聘者经过深思熟虑，考虑得比较周全，求职意向也更明确，进入该岗位后的适应力也就越强。

考查求职意向类问题如：

“从你所掌握的信息看，你认为你所应聘的岗位的工作范围主要有哪些？”

“对于你所应聘的岗位，你认为有哪些可预见的困难？”

“对于你所应聘的岗位，你觉得你的优势和不足是什么？”

“你能谈谈你对我们这个行业的看法吗？”

“你认为你应聘的岗位需要什么必备条件？”

“你的核心竞争力是什么？”

“为什么你认为自己能胜任这份工作?”

“你认为该岗位的工作难点和挑战性在什么地方？你打算如何克服它?”

…………

(3) **考查求职动机和工作态度类问题**

求职动机和工作态度类问题可以帮助面试官了解应聘者为什么应聘这个岗位，以及应聘这个岗位的动机是什么（是因薪酬、兴趣爱好还是个人发展规划等），考查的是应聘者的求职动机是否与岗位相匹配、应聘者是否具备足够的责任心，了解企业是否能满足应聘者的心理预期等。一般来说，应聘者的求职动机越明确，工作态度越端正，越能说明应聘者是经过深思熟虑的，而不是随意选择了该岗位。

考查求职动机和工作态度类问题如：

“请问，你为什么选择我们公司呢?”

“你对我们公司，甚至这个行业有什么看法吗?”

“你在选择这份工作时，最看重的是什么?”

“你对薪资待遇的要求是什么？它是你在选择一份工作时，第一考虑的因素吗?”

“你如何看待休息日加班?”

“如果遇到问题，你是选择与领导沟通，还是默默忍受?”

“你会主动跟领导提建议或意见吗?”

…………

(4) **考查性格特征类问题**

性格特征类问题可以帮助面试官了解应聘者的性格是外向还是内向，是积极还是消极，是温和还是偏执等，考查的是应聘者的性格成熟度和情绪管理能力等。心智成熟、情绪稳定的特质无论是在一个人的事业发展还是人际关系处理中都发挥着重要的作用。

考查性格特征类问题如：

“最能概括你的性格的 3 个词是什么？”

“你怎么评价自己/你认为自己是一个什么性格的人？”

“你喜欢和什么样的人交朋友？”

“除了工作，你平时还喜欢干什么？”

“人生中最令你受挫的事情是什么？”

“你喜欢和什么样的领导/同事相处？”

“如果在工作中你跟同事/领导产生了矛盾，你会如何处理？”

“如果你因为工作业绩优秀而被其他同事针对、孤立，你会怎么处理？”

“如果有机会改变自己某方面性格，你最希望改变什么？”

…………

（5）**考查承压能力类问题**

承压能力类问题可以帮助面试官了解应聘者在工作中遭遇困难和压力时的反应是否积极、成熟，以及承受压力的能力如何，考查的是应聘者的抗压能力。一般来说，应聘者的承压能力越强，越能够说明应聘者已经做好了接受压力的准备，在工作中展示出来的能力也会比承压能力弱的员工更强。

考查承压能力类问题如：

“如果领导给你交代一个任务，让你在 2 个小时内完成，但是你再怎么努力也要 3 个小时，这时你会怎么办？”

“你加班做出来的方案，却被领导否决了，你会怎么处理？”

“如果你入职了，但是 2 个月后，你发现自己无法适应这份工作，你会怎么办？”

“如果你做的方案受到上级领导的表扬，但你的直接上司却说是他做的，你会怎么处理？”

“如果公司将一个重大的方案交给你，你觉得自己能完成吗？”

…………

（6）**考查职业发展规划类问题**

职业发展规划类问题考查的是应聘者对自己未来发展的设想、职业生涯的规划能力，以及员工就业的稳定性。通过这类问题，面试官一方面可以了解应聘者未来是否想深深扎根在此行业中，考查应聘者的职业倾向和工作稳定性；另一方面也可以让企业判断是否能够给应聘者提供足够的发展空间。

考查职业发展规划类问题如：

“能说一说你的职业规划吗？”

“请问，你未来 3 ～5 年的职业目标是什么呢？”

“如果给你选择的机会，你最希望/有兴趣从事的职业是什么呢？为什么？”

“谈谈你的理想职业吧！”

“你想在工作中实现什么样的追求？你所应聘的岗位能帮助你实现自己的追求吗？”

“如果你现在被录用，你希望在这里工作多久？”

…………

总之，面试官在面试前，要准备好提问清单，同时对问题做好排序。例如：哪个问题先问，哪个问题后问？哪个问题必须要问，哪个问题可问可不问？当然，对于面试经验丰富的面试官，不一定要列出提问清单，但是将需要提问的问题在脑海中过一遍，还是非常有必要的。

安排好面谈的环境

招聘面谈是一个任何环节和细节都不能忽视的系统工程，面谈的环境就是其中重要的一环。面谈环境会直接影响面谈的效果。然而，在招聘实践中，不少面试官并不注重面谈环境的安排。

文薇跟随前台进入面试房间，她发现房间的角落堆着垃圾，桌子上也落满了灰尘。文薇内心很讶异，认为这家公司也太不注意细节了，下意识就对这家公司产生了不好的印象。

在面谈过程中，文薇发现门外就是其他员工的工作区，总有人陆续走过，充满吵闹声，干扰很大，使她无法全身心投入面谈中。

从案例来看，因为面试的环境不理想，如角落堆满了垃圾、桌子上落满了灰尘，门外陆续有人走过且非常吵闹，应聘者文薇对这家公司产生了不好的印象，甚至难以全身心投入面谈中。这显然会极大地影响招聘面谈的效果。

面谈环境往往是面试官最容易忽视的一个细节。因为无论是在公司的哪个地方面试，面试官都会因为太过于熟悉环境而不会察觉到有任何异样。但是对一个初次来到陌生环境的应聘者来说，环境会对其产生较大的影响。

因此，在正式面谈前，面试官或相关人员要对面谈的环境进行把关，营造整洁、安静、舒适的环境，提高环境的舒适度，进而让应聘者在轻松的氛围中进行面试，而不用将注意力放在环境问题上。预先对环境做好安排，对面试官来说同样具有很多好处，能让面试官从容地完成整场面谈。

具体来说，在面谈环境打造方面，面试官可以按照以下两个步骤进行（见图 2－10）。

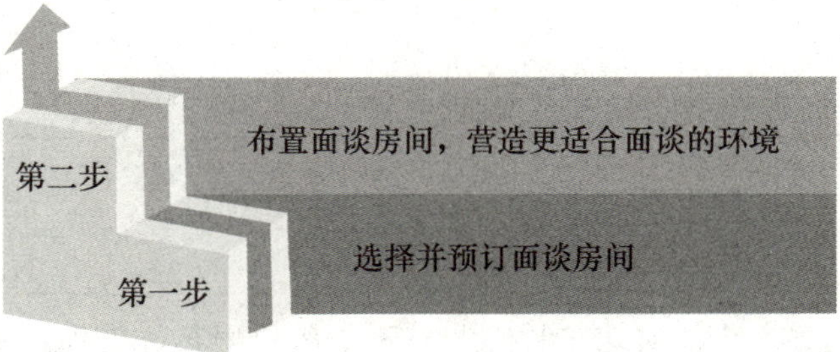

图 2－10　安排好面谈的环境的两大步骤

（1）**第一步：选择并预订面谈房间**

安排好面谈环境的第一步就是选择并预订面谈房间。尤其是在多对一或多对多的面谈中，对面谈的房间提出了更高的要求——面谈房间要更大，所以更需要面试官提前预订。

一般来说，选择面谈的房间有两个原则：**干净**、**安静**。

因此，面试官要选择隔音效果好、整洁的房间或会议室，而不是在一个角落里或仓库里进行一次正式的面谈。

选择好房间之后，面试官要确定该房间在约定好面谈的时间点是否空闲，最好提前预订，以避免出现临时被占用的情况。如果此面谈房间在面谈的时间点已经被其他人预订了，此时面试官就要选择其他符合条件的面谈房间。

（2）**第二步：布置面谈房间，营造更适合面谈的环境**

在预订好面谈房间后，面试官和相关人员要在面谈时间到来之前对房间进行简单布置，以营造更适合面谈的环境。在布置方面，建议从以下几点着手。

一是打扫、整理房间，保持房间的整洁。面试官至少要提前半个小时左右做好面谈房间的打扫、整理工作，保持房间的整洁。如果房间很空荡，面试官也可以搬来几把椅子或其他物件，填充空荡的房间，让环境更自然。条件允许的话，面试官可以在面谈房间里摆上鲜花或绿植，不仅能增添室内的美感，还能让应聘者产生愉悦的感受，觉得该公司很注重情致和细节，能感受到特别的心意。

二是注意桌子的形状、大小。首先，圆形的桌子比方形的更好，更能营造轻松的面谈氛围；其次，桌子不宜过大，面积太大的桌子会让面试官和应聘者的距离过远，容易造成心理上的隔阂。如果可以的话，建议面试官选择类似咖啡桌的形状、大小的桌子准备面谈。

三是注意椅子的摆放。心理学上有一个“坐向效应”，是指在人际交往中，往往会因为坐向而影响交往的质量。据分析，人与人如果相对而坐，很容易产生“心理施压”的感受。此时，双方很可能在发生眼神接触时对彼此造成压迫感和不自在感。即使面试官不是有意地长时间凝视应聘者，应聘者也会产生一种充满压力的心理感受。所以面试官可以把椅子摆得随意一些，并和应聘者适当地斜坐而谈，视线形成一定角度，有利于缓解紧张的气氛，营造轻松的氛围，帮助应聘者放松心情。

四是让环境更安静。如果窗外的噪音过大，面试官可以适度地关上窗户；也可以设置“请勿打扰”的标志，不要让人随便打断面试。在正式面谈开始时，面试官要将手机调至静音状态，以免打断面谈的节奏，影响面谈的氛围。

五是不要忘记钟表的作用。为了能够有效地控制面谈的时间，有的面试官会做出看手表的动作。虽然这个动作很微小，但是会给应聘者带来不良的心理感受，感觉自己是不受欢迎或不被肯定的。所以，面试官可以在房间里一个自己能够看到的位置放一个钟表，譬如在应聘者背后的墙上安装一个钟表。这样面试官在与应聘者面谈的时候用余光就能及时查看时间，控制面谈的进度，也不会给应聘者带来压力。

六是查看设备是否连接正常。如果面试官在面谈过程中，需要使用电脑、投影仪等设备辅助面谈，例如给应聘者播放企业的宣传片等，就要查看各个设备是否连接正常、运转正常等。

值得强调的是，当面试官安排好以上的环节后，还要再次进行检查，查看是否有遗漏，以便及时改正。

从某种程度来说，应聘者会从面谈的环境大致了解他们入职后的办公环境，所以安排好面谈的环境非常重要。一方面，企业可通过面试环境向应聘者展示企业的形象，吸引他们的目光，增强他们加入企业的意愿；另一方面，良好的环境能舒缓应聘者的心情，减少应聘者感到不安甚至恐惧的心理感受，促使其更容易投入到面谈中，从而得到更为准确的信息。可以说，安排好面谈的环境是招聘准备工作中容易被忽视却发挥着重要作用的一环。

安排好应聘者接待工作

在招聘面谈的准备工作中，最后一个环节就是安排好应聘者的接待工作。不少公司不会认真准备应聘者的接待工作或接待工作做得很随意。这也会影响企业的形象，让应聘者内心产生不适感。

许阳接到面试邀请，大热天应约去面试。

许阳汗涔涔地到了面试地点，礼貌询问前台："你好，我是过来面试的。"

前台冷淡地抬起头，声音冷漠："哦？面试的啊？去那边排队等着吧！"

许阳坐在指定的等待地点，又热又渴，半天都无人问津。等了快 20 分钟后，许阳直接走出了这家公司，放弃了这次面试。

许阳愤愤地想："这家公司的接待工作也太差劲了吧，等了这么长时间，连杯水都没有。这家公司也就这样的水平，我还是不跟着瞎掺和了！"

为什么许阳会放弃这次面试？因为她所应聘的公司的接待工作做得很差，甚至压根就没有接待工作，具体表现为前台表现冷淡且没有礼貌，只是让她干坐着等待，既没有倒水，也没有任何的解释和道歉。这样的表现让许阳对该公司产生了负面的心理感受，进而质疑该公司的办事水平，最终选择放弃这次面试。

安排应聘者的接待工作也是招聘面谈中非常重要的一环。它能体现出一家企业的办事风格和水平。如果一家企业的面试接待工作做得妥善且到位，说明这家公司办事严谨且注重细节，充满人性化。当然，应聘者的接待工作是一个细致的工作，需要相关人员从言行举止等各个方面做好充足的准备，不能有丝毫的松懈。具体来说，安排好应聘者的接待工作包括以下几点（见图 2－11）。

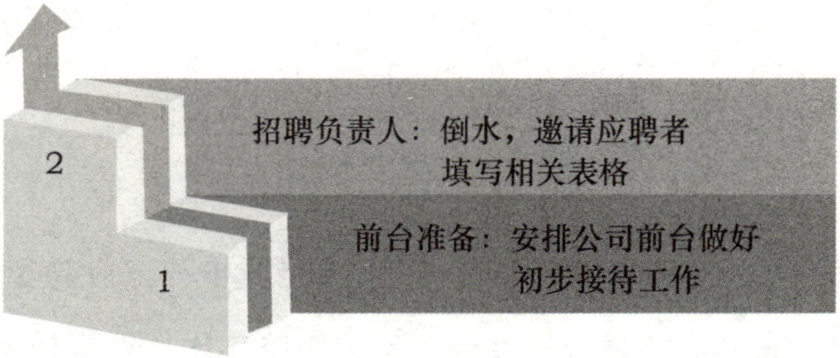

图 2－11　应聘者接待工作的两大步骤

（1）**前台准备：安排公司前台做好初步接待工作**

一般来说，应聘者到达应聘公司，第一个接触对象就是该公司的前台人员。前台人员的形象和素质也直接影响着应聘者对该公司的印象。所以，让前台人员热情、真诚地进行第一轮接待工作，既能有效缓解应聘者的紧张心情，又能提升企业的形象。

具体来说，面试官或相关人员可事先告知公司前台人员应聘者到达的具体时间点及其姓名，让前台人员提前知晓，做好登记和接待工作。

前台人员的初步接待工作包括让应聘者在来访者名单上登记姓名和来访时间，将应聘者带到面谈房间，并通知招聘的有关负责人。需要注意的是，前台要多用礼貌用语，如“您好，请跟我来这边……”“对不起，让您久等了”“请稍等”等，着装整洁得体，动作优雅温和，脸上要带着笑容，精神饱满。

当把应聘者带到面谈房间后，前台人员可将接下来的工作交给招聘负责人或接待人员，并告知来访者身份。

（2）**招聘负责人：倒水，邀请应聘者填写相关表格**

当接待工作传递到招聘负责人手中之后，负责人要先给应聘者倒水，让应聘者有个短暂的休息和缓解过程。如果天气炎热/寒冷，负责人可打开面谈房间的空调，调节到适宜的温度。这个行为会让应聘者觉得很贴心，顿时对该公司产生好感，认为应聘的公司很人性化。

在应聘者稍作休息后，招聘负责人可邀请应聘者先填写相关表格，如应聘者的个人资料登记表，温馨地提醒有关填写的要求，并提示稍后将由面试官来面试。等待 5 分钟左右的时间后，招聘负责人要检查应聘者填写的个人资料登记表是否完整。如果填写不完整，招聘负责人要指导应聘者补充完整。对于已经通过网络提交过个人资料登记表的，此时招聘负责人应该已经检查过应聘者的个人资料登记表是否符合填报要求，对不符合填报要求的部分，可以利用这个时间让应聘者补充完整。

完成以上步骤后，招聘负责人可邀请应聘者进入正式的面谈环节。

如果需要应聘者再等一段时间，招聘负责人一定要礼貌且温和地说明等待缘由，并给应聘者添水，由应聘者决定是继续等待还是另约时间。如果应聘者选择另约时间面试，此时招聘负责人可以先将应聘者的个人资料登记表和简历交给面试官，并和面试官再次确定面谈时间，并及时告知应聘者。

面谈守约对于面试双方都非常重要，特别是企业一方，尽可能按照约定的面谈时间开始面试，不要让应聘者在面谈前等候过久，对于职业经理人这类高级别岗位的面谈更是如此。但是，意外也经常会发生，一旦需要应聘者长时间等待，安抚应聘者的情绪，并及时催促面试官前来面试，是招聘负责人接待的重点工作。

在等待的时候，招聘者负责人可与应聘者寒暄几句，如“你到公司花了多长时间啊？”“今天外面很热吧！”等；也可以向应聘者初步介绍公司的相关信息，甚至可以给应聘者播放公司的宣传片，既能打发时间，又能让应聘者对公司有更全面的了解。

当面试官准备好后，招聘负责人要及时邀请应聘者进入正式的面谈环节。需要注意的是，招聘负责人在将应聘者引荐给面试官时，应走在前面，进门前先轻轻敲门示意，并先向应聘者介绍面试官，如“张先生/小姐，这是李总”，或向面试官介绍应聘者，如“王总，应聘者张先生/小姐来了”。应聘者进入房间后，招聘负责人要帮忙带上门，防止接下来的面试被干扰。

需要强调的是，千万不要认为招聘接待工作到此就结束了，面谈结束后的接待工作同样重要。这个环节的接待工作包括礼貌、温和地做好离开公司的指引，甚至将应聘者送到电梯口，并耐心叮嘱：“路上注意安全。”礼貌道别。到此，面谈接待工作才算真正结束。值得一提的是，招聘负责人最好事先安排好各个应聘者的面谈时间，将时间错开，不要集中安排在某个时段，既能让应聘者有序地前来面试，又能让接待工作有条不紊地进行。

第 3 章

招聘面谈的 9 个心理陷阱

要想实现高效面谈，面试官就要有效规避招聘面谈的 9 个心理陷阱，包括脱线风筝现象、齐加尼克效应、晕轮效应、首因效应和近因效应、相似效应、反弹效应……

脱线风筝现象：谈论太多与招聘无关的事情

在心理学上，有一个很有意思的现象，即脱线风筝现象，是指人们往往喜欢聊太多与主题无关的事情，就像是一只脱线的风筝在天上乱飘，没有方向和目的。在招聘面谈中这种现象经常会出现，有些面试官喜欢与应聘者谈一些与工作主题无关的内容，如业余爱好、热点新闻、管教子女方法、时事分析等。除非应聘者应聘岗位的工作与这些内容有关，否则面试官的这一行为不仅浪费时间，还会让应聘者觉得面试官很不专业。

李倩去一家公司面试。

面试官看着李倩的简历问："我看你的爱好一栏上面写着'爱下厨'，你为什么喜欢下厨啊？"

李倩礼貌地回答："可能是因为我比较喜欢美食吧，加上我本身对厨艺这方面也挺感兴趣的。时间久了，就养成了下厨的习惯了。"

面试官点了点头，继续说："那我觉得你很棒，我就不会做饭！关键是我对下厨这件事情也不感兴趣。我记得我曾经做过一次糖醋排骨，差点把厨房'炸'了，从那以后我就知道我与下厨无缘，也不敢轻易尝试了……"

李倩仍礼貌地倾听着，内心却在嘀咕："奇怪，怎么老是在聊'下厨'这个话题呢？我应聘的是广告设计师，又不是厨师……"

案例中的面试官一直在与李倩聊"下厨"的话题，而这一话题与招聘主题无关，所以会让李倩觉得莫名其妙，甚至让李倩对面试的真正目的摸不着头脑。其实在招聘面谈中，聊一些非正式的话题也很有必要，能够舒缓应聘者紧张的心情，营造轻松的氛围。但是，如果面试官本末倒置，一直在聊与面试主题无关的内容，不仅会让应聘者觉得莫名其妙，还会影响面谈的效果。

除此之外，有些经验不足的面试官，会因闲谈太多内容而让面谈失去方向，进而让应聘者有机可乘，天南地北地胡扯一番与所聘岗位无关的内容，甚至反客为主地带动面谈，让话题往他喜欢的方向发展下去，这样的面谈也是无效的。

因此，面试官在招聘面谈中，要注意避开的第一个心理陷阱就是“脱线风筝现象”，不要谈论太多与招聘无关的事情。具体来说，面试官要做到以下几点。

（1）**将面谈与闲聊区别开来**

不少面试官并没有正确区分面谈和闲聊的差异。他们认为闲聊同样也可以达到面谈的目的，他们甚至觉得在轻松愉快的氛围里更容易达成面谈的目的。其实这种想法是错误的，他们放大了闲聊的作用。

首先，我们来了解一下面谈的特征。面谈有以下 4 个特征（见图 3－1）。

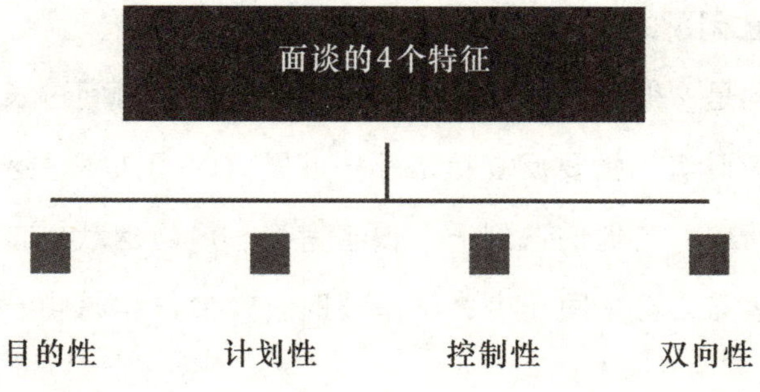

图 3－1　面谈的 4 个特征

一是目的性，即参与面谈的一方或双方有明确的目的。在招聘面谈中，面试官的目的是招聘一些志同道合、符合岗位要求且有发展潜力的人才；而应聘者的目的就是通过展现自己的能力和优势，获得心仪的 offer（录用通知）。

二是计划性，即在面谈中，要谈什么（what）、在什么地方谈（where）、什么时间谈（when）、与谁谈（who）、为什么谈（why）、如何谈（how）等都要事先计划好。面试官要在招聘面谈正式开启前就确定好面谈的主题，在什么时间、什么地点、因为什么而与确定的应聘者展开面谈，并事先制订好面谈的计划和策略。

三是控制性，即至少有一方处于控制地位，或者由双方共同控制。面试官不要将面谈变成一场无意义的闲聊，要确定好面谈的“主题”和“规则”，并让面谈在确定好的“主题”和“规则”下展开。

四是双向性，即面谈是由双方共同参与的，而不是单向的命令。面试官和应聘者享有同等的话语权，都享有提问和质疑的权利。

可以看出，面谈是有目的、有计划的，并具有一定的控制性。而闲聊则相反，一般来说，闲聊并没有目的和计划，只是交流对象之间的一种口头交流活动，常常以轻松、随意、愉快地打发时间为目的，双方也不会控制闲聊的方向和内容。

所以，面试官要意识到面谈和闲聊是有本质区别的，如果将一场招聘面谈变成闲聊大会，是非常失职的。

（2）**控制住闲聊的欲望，始终牢记招聘面谈的目的**

不可否认的是，很多面试官因为从事面试的工作时间过长，尤其是面试同一个岗位的应聘者，需要反复提出那些问题。时间久了，这些工作会让他们觉得厌倦。所以，当他们遇到一个很善言谈、风趣幽默、志趣相投的应聘者，或者应聘者与自己是同一个大学毕业时，就会很容易聊一些与招聘主题无关的事情。

例如：“我看你是××大学毕业的，我也是从这个学校毕业的，我毕业都有快10年的时间了！不知道那里现在怎么样了，我当时在读书的时候，那边有一个……”“你也关注××事件吗？我对这件事也很好奇，其实这件事的发生一点也不奇怪，因为……”“今天刚发生了一个新闻，你关注了吗？”话匣子一打开，就很难收住。

因此，为了避免出现脱线风筝现象，面试官在聊到一些与招聘主题无关的话题时，要点到即止，如“我也是从××大学毕业的，幸会啊！我看你学的是××专业，其实这个专业还是与你所应聘的岗位很对口的……”，控制住闲聊的欲望，记住自己现在的身份是面试官，要尽职尽责，始终牢记招聘面谈的目的，并围绕这一目的提出有针对性的问题，以考查应聘者是否具备招聘岗位所需的核心才能，不要被一些无关痛痒的话语吸引注意力。

总之，有效的招聘面谈是有目的、有计划、有控制的，如果面试官在面谈中出现脱线风筝现象，将面谈变成一场闲聊，谈论太多与招聘主题无关的事情，就会陷入心理陷阱中而不自知。

齐加尼克效应：过分紧张导致面谈失败

在心理学中，有一种效应叫齐加尼克效应，是指因工作压力导致心理上的紧张状态。它源于法国心理学家齐加尼克曾经做过的一次很有意义的实验。

一次，齐加尼克将志愿者分为两组，让他们去完成 20 项工作。其间，齐加尼克对一组志愿者进行干预，在他们完成工作的过程中设置了阻碍，同时让另外一组的志愿者顺利完成全部工作。虽然一开始所有的志愿者在接受任务时都显出一种紧张心理，但顺利完成任务的那一组志愿者，紧张状态逐渐消失；而未能完成任务的那一组志愿者，紧张状态持续存在，他们的思绪总是被那些未能完成的工作所影响，心理上的紧张压力更是难以消解。

齐加尼克效应表明，如果人们受到过分紧张心理的干扰，就很难集中注意力投入工作中，难以发挥出正常的水准。在招聘面谈中，齐加尼克效应同样也在面试官身上起着作用。

不少面试官在与应聘者交谈的过程中，往往因为紧张而难以全身心地投入面谈中，进而难以真诚地表达自己的想法或难以有效地问出内心真正想要了解的问题。越是受到紧张心理的影响，他们就越难以自如地交流。随着紧张气氛的持续，面试官的心理负荷也渐渐加重，导致招聘面谈失败。

面试官周雯在面试一位应聘者。因为这是周雯第一次做面试官，所以她很紧张。

与应聘者面对面坐下后，周雯的腿竟然不住地颤抖。为了克服紧张心理，周雯手攥着拳头，想要克制腿的抖动，并在内心告诉自己“别紧张”。可适得其反，周雯越是告诉自己别紧张，越是难以自持。

在这种紧张的状态下，周雯开口问道：“你叫……呃……你是什么专业毕业的呢？大学都学了什么……算了，你还是说一下为什么你要应聘这个岗位吧？”

应聘者给予了周雯的问题之后，周雯发现自己压根没有办法理解并消化应聘者给予的信息，她的全部心思都放在自己不断抖动的腿上，继而被这种紧张的情绪所干扰。在接下来十几分钟的时间里，周雯一直处于这个状态，结果直到面试结束，她也没有搞清楚对方到底适不适合其应聘的岗位。

从案例来看，正是因为周雯一直处于紧张的心理状态中，并受到紧张气氛的干扰，所以面谈失败。其实，这是一种很正常的心理现象。面试官和应聘者往往是第一次见面，因为对未知事物的失控感和陌生感，很容易产生紧张的感觉。如果任由这种紧张的情绪发酵，面试官就难以展示出最佳的状态。

相反，如果面试官能够正视招聘面谈中的压力，合理化解压力，便可消除紧张感。具体来说，面试官可采取以下方法应对因压力导致的紧张情绪。

（1）**正视紧张心理，识别它因何而来**

一般来说，面试官在招聘面谈中的紧张心理，有 4 个源头。

一是不善于与陌生人相处。有的面试官有一定程度的社交恐惧症，如与陌生人交谈时，他们常常不自觉地出现呼吸困难、脸红、脚抖，不敢与对方对视，心跳加快、说话困难等症状，害怕出丑或尴尬，内心十分焦虑，甚至感到恐惧。受到这些症状的影响，面试官很难轻松自如地与应聘者交流，甚至因此产生更大的压力，进而被紧张的情绪包围。为了能够挣脱这种紧张情绪的桎梏，面试官可按照以下三个步骤消解与应聘者相处时过分紧张的心理。

第一步，建立平等心和同理心。首先，面试官要认识到应聘者和自己一样，都是真实、平等的人，对方在面对自己时也会产生紧张心理。同时，要进一步认识到应聘者也像自己一样渴望得到他人的尊重。因此，既不要高看对方，也不要低看对方，而是应该平等地与其自然相处。在内心深处建立平等心和同理心十分重要，能够缓解紧张的情绪。

第二步，真诚对待应聘者，释放友好和善意。大家都是平等的，每个人都希望被友好对待。当对方感受到面试官的友好和善意后，同样也会友好反馈。两者正向循环，可以消解过分紧张的心理。释放友好和善意也很简单，例如说话时面带亲和的微笑，眼神温暖等。

二是不熟悉招聘面谈的流程和要义。有的面试官是招聘面谈的新手，他们往往因为不熟悉招聘面谈的流程和要义而产生过分紧张的心理。面对这种情况，面试官可以多向一些有经验的面试官请教，查找一些有价值的资料或者模拟招聘面谈的场景并刻意训练。

三是担心发生一些未知情况。具体表现为面试官担心应聘者提出一些自己意料之外的问题或要求、不能留下自己心仪的应聘者等。针对这种情况，面试官要保持平常心，不要过分焦虑，而是要宽慰自己“未知情况不一定会发生，即便发生了，真诚、自然地处理就好了”。或者面试官可以提前对突发情况作出预判，并想出一些解决办法。

四是担心自己表现不佳，在应聘者面前出丑。这一点往往是由面试官不自信导致的，或者面试官对自己要求过高，希望给他人留下一个好印象。针对这种情况，面试官要有意识地做到两点：一是不要将焦点放在自己身上，或过分在意别人对自己的评价；二是每个人都有缺点，不必执着于在他人面前表现出最好的一面。

心理过分紧张的面试官可根据以上 4 个源头作出判断，了解自己是其中的哪一种，并对症下药，正视过分紧张的心理并识别它，按照方法予以消除（见表 3－1）。值得强调的是，当面试官出现负面情绪时，既不要忽视它，也不要太将它放在心上，而是应该任它出现，并采取一些方法消除它。

表 3－1　面试官紧张心理的来源和应对方法

紧张心理的来源	应对方法
不善于与陌生人相处	建立平等心和同理心； 真诚对待应聘者，释放友好和善意
不熟悉招聘面谈的流程和要义	向有经验的面试官请教； 查找一些有价值的资料； 模拟面谈的场景并刻意训练
担心发生一些未知情况	保持平常心，不要过分焦虑； 提前对突发情况作出预判，并想出一些解决办法
担心自己表现不佳，在应聘者面前出丑	不要将焦点放在自己身上，或过分在意别人对自己的评价； 每个人都有缺点，不必执着于在他人面前表现出最好的一面

（2）**正式进入面谈前，做一些放松身心的小事**

除了从心理角度告诫自己不要过分紧张，保持平常心外，面试官还可以从生理角度做一些放松身心的小事。这里，我们提供以下 3 种方法。

一是缓慢深呼吸法。面试官在正式面谈前，可以深呼吸。先慢慢吸气再慢慢呼出，注意放慢速度，做十来次，就可适度缓解自己的紧张情绪。必要的时候，面试官也可适度做一些放松运动，放松自己紧张的肌肉。

二是将自己的注意力放在一些日常的、能够放松自己心情的小事物上。如一个小盆栽、一朵花、一件熟悉的物件，这些熟悉且美好的事物会给自己带来安全感。人有了安全感就会适度放松自己。

三是听音乐或阅读。听一首激励自己、抚慰自己或能让自己内心宁静的音乐。听音乐的时候可以闭上眼睛，想象自己在一片自由的、温暖的空间里，再不断调试自己焦虑不安的心情，使其慢慢趋于平缓、自然。或者面试官也可以阅读能够给自己带来精神力量的书籍中的某一小段，增强自己的内心力量。

总之，面试官在招聘面谈中一定要避开齐加尼克效应，既要正视紧张心理的存在，同时又要从生理角度和心理角度双管齐下，缓解紧张的心理压力，以从容、平和的心态进入面谈中。

晕轮效应：以貌取人，以性别取人

在心理学中，有一种晕轮效应，也被称为“光环效应”，最早由美国著名心理学爱德华·桑戴克于 20 世纪 20 年代提出，指人们对他人的认知和判断往往只从局部出发，扩散而得出整体印象，容易犯下以偏概全的错误。如果认知对象被标明是“好”的，他就会被“好”的光圈笼罩着，反之则被认为是“坏”的，比较极端。所以，晕轮效应又可以被称作“以点概面效应”，是由于主观推断而形成的一种夸大的心理现象。美国心理学家 H. 凯利、S. E. 阿希等人在印象形成实验中也证实了这一效应的存在。

在招聘面谈中，受晕轮效应影响的面试官会形成一种以偏概全的认知偏差，即当面试官对应聘者的某种特质形成好的或者不好的印象后，会倾向于根据这个特征去推断该应聘者其他方面的特征，从而影响面试官评分的有效性。可以说，晕轮效应最大的弊端在于以偏概全。其特征具体表现在四个方面：

一是遮掩性，具体表现为抓住并不能反映事物本质的个人特征，并习惯由部分推及整体，用个别代表一般。

二是表面性，具体表现为未曾深入了解事物，常常被事物的表面现象迷惑。例如认为风度翩翩的人就一定是正人君子。

三是弥散性，具体表现为对一个人的整体态度，会连带影响自己对与这个人有关的事物的看法，比如“爱屋及乌”。

四是失真性，具体表现为对一个人的评价过高或过低，脱离人本来的面貌，失去真实性。

在招聘面谈中，晕轮效应的4个特征最直接的表现就是面试官会以貌取人或以性别取人。以貌取人是根据外貌来判别一个人的品质、才能，过于重视应聘者的外表而忽视了对其能力的考核。换句话说，如果应聘者的外形靓丽、帅气，面试官就会格外宽容，忽略考查其能力。以性别取人常常表现为面试官认为某些特定岗位只有某种性别才能胜任，比如认定只有男性才能胜任销售工作，只有女性才能胜任秘书工作。

文案策划岗位需要招聘一个人，应聘者是刚刚毕业的大学生，长得很漂亮，面试官张洋对其印象很好。虽然应聘者在面谈中表现不是很优秀，但是张洋归结为对方因为紧张才发挥失误，于是仍开心地录用了这位毕业生。

可事实却是这位应聘者的能力很一般，并不能很好地完成文案策划的工作，工作中频频出现错误，且难以承受工作压力。最终，该员工选择了离职。

从案例来看，面试官张洋在招聘中受到了晕轮效应的极大影响。应聘者长相漂亮，于是张洋以偏概全，而忽略考查应聘者的能力，最终结果是应聘者并不能很好地完成岗位工作，不得不离职。

晕轮效应对招聘面谈的影响是多方面的。首先，晕轮效应让面试官对应聘者形成认知上的偏见，容易错失人才；其次，表层的光环遮掩了应聘者内在的本质，不利于面试官客观、中立地选拔人才；最后，受晕轮效应影响的面试官很难真实、客观地对应聘者进行评分，容易引发应聘者对企业的负面评价，进而损害企业的形象和信誉。

所以，面试官在招聘面谈中可以根据以下两个方法来规避晕轮效应的影响，克服以貌取人、以性别取人的心理（见图3－2）。

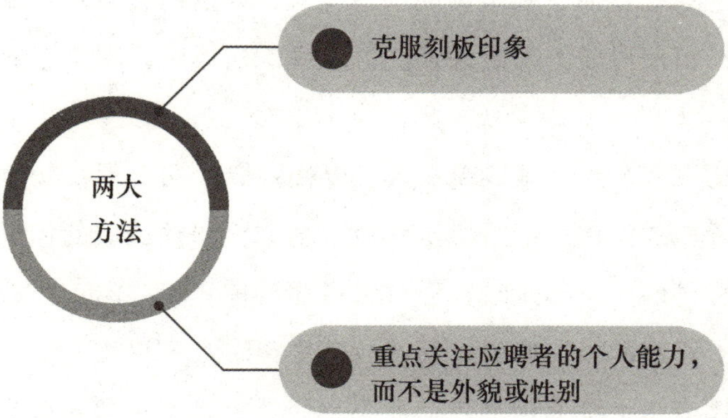

图 3－2　克服晕轮效应的两大方法

(1) **克服刻板印象**

要想克服晕轮效应的负面影响，面试官首先要克服刻板印象。

美国心理学家凯利对麻省理工学院两个班级的学生分别做了一个实验。在上课之前，实验者向两个班的学生宣布，临时请一位研究生来代课，并告知学生有关这位研究生的一些情况。其中，实验者向第一个班级的学生介绍代课的研究生具有热情、勤奋、务实、果断等品质；向第二个班级的学生介绍代课的研究生时，除了将“热情”换成“冷漠”之外，其余各项都相同。而学生们并不知道。

实验结果是：下课之后，第一个班级的学生与研究生一见如故，亲密交流；第二个班级的学生对他却敬而远之，冷淡回避。

仅仅一词之别，竟会影响整体的印象，这也是刻板印象所带来的影响。即便两个班级的学生面对的是同一个老师，因为受到描述词语的影响，学生们对老师的评价竟有天壤之别。第一个班级的学生对代课的研究生形成的刻板印象是热情的，而第二个班级的学生对代课的研究生形成的刻板印象是冷漠的。

刻板印象，是指对事物形成的一般看法和个人评价，认为某种事物应该具有其特定的属性，而忽视事物的个体差异，也是由社会按性别、种族、年龄或职业等分类而形成的固定印象。可以说，刻板印象和晕轮效应有着密切的关联。

因此，面试官若想克服以貌取人、以性别取人的心理，就要对应聘者形成客观的、深刻的认识，不断修正脑海中由刻板印象造成的偏见，而不是浅层次地认识应聘者。具体来说，面试官在面试前，就要端正面试的态度，要抱着全新的、客观的、友好的、真诚的态度，深入了解每一位应聘者，并相信每一位应聘者身上都有闪光点，而不是轻易定义眼前的应聘者。同时，面试官要建立"未知全貌，不予随意评价"的意识，尊重、理解对方。

（2）**重点关注应聘者的个人能力，而不是外貌或性别**

一项心理实验显示，当人们被要求在一堆他们不认识的应聘者中找出"好人"和"坏人"时，总会受到外貌晕轮效应的影响，出现以貌取人的现象。在面试中，不少面试官可能会以貌取人，例如对外貌姣好的应聘者心存偏爱；对长相、打扮一般的应聘者心存偏见。

同时，有的面试官还会把性别偏见带到招聘面谈中，选拔人才时常带着性别歧视，即便眼前的应聘者能力尚可。例如前来应聘销售岗位的是一名女性应聘者，即便应聘者展现出了良好的销售技能和口才，可面试官非得认为女销售员吃不了苦，男性更适合做销售员，于是不愿意给女性应聘者机会。

面试官若是抱着以上两种心态参加招聘面谈，则很难招到真正适合企业的、具有发展潜力的人才。真正有效的招聘面谈是围绕考查应聘者的能力进行的。例如销售岗位招聘，面试官要重点考查应聘者的口才、临场反应能力、情绪控制能力等，同时可设置一些真实的销售情境考查应聘者是否真正符合销售岗位的用人标准，而不是把重点放在应聘者的长相和性别上。

总之，当面试官在招聘面谈中，下意识地对一个人产生很好或很坏的印象，或对应聘者抱有成见的时候，要立即警惕，清醒地检讨自己是否正在受到晕轮效应的影响，并自觉克服，使自己尽快走出晕轮效应的迷宫。

首因效应和近因效应：只关注开头和结尾

首因效应是由美国心理学家洛钦斯首先提出的，也叫首次效应、优先效应或第一印象效应，指交谈双方形成的第一印象对今后交往的影响，即“先入为主”带来的影响。虽然第一印象并非总是正确的，但却是最鲜明、最牢固的，并且决定着以后双方交往的进程。

近因效应是指最近出现的刺激促使印象形成的心理效应，它出现在熟悉的人之间，由心理学家A．卢琴斯在1957年首次提出。它主要是指在多种刺激同时出现的时候，印象的形成主要取决于最后出现的刺激，即在交往过程中，我们对他人最新的认识占据主导体地位，掩盖了以往形成的对他人的印象。

这两种效应在人际交往中产生着重要的作用。同时，心理学研究指出，人们对资讯的记忆能力与接收的时间有密切关系。一般在开始和结束的时候，人们的印象会比较深刻，在招聘面谈中也是如此。在面谈刚开始时，面试官会受首因效应影响，对应聘者的印象比较深刻。然后，他的记忆力会逐渐下降，直至面谈结束前，近因效应开始生效，他对最后听到或发生的事情印象较深。

在招聘面谈中，不少面试官可能陷入首因效应和近因效应的心理陷阱中，只关注开头和结尾，并以此判断眼前的应聘者是否适合企业，却把最重要的核心部分抛诸脑后。这种招聘行为不仅反映出面试官没有端正面试的心态，未抱着严谨、认真的心态招聘，还导致面试官无法帮助企业招募到真正适合的人才。

在面谈即将结束的时候，李清明问应聘者："如果我们今天不打算给你机会，你会怎么想？"

应聘者不卑不亢地回答道："没能让你了解全部的我，很遗憾。其实我也知道我刚才的表现不是很好，我也不能把它归咎为不善言辞，可能我真的没有做好充分的准备。"

李清明点点头："好的，你回去等通知吧！"

虽然该应聘者在整个面谈中都表现平平，但李清明觉得最后一句话是他的亮点，说明他的态度很诚恳。这样的态度打动了李清明，他当即决定录用该应聘者。

从案例来看，近因效应在李清明身上起着重要的作用。具体表现为虽然应聘者在整个面谈中表现平平，但是在面谈快要结束时，因为应聘者的回答打动了李清明，所以李清明还是录用了他。

如果面试官在招聘面谈中，只关注开头和结尾，凭此作出轻率的决定，既会为企业留下不适合的人才，也很容易错失适合的人才。所以，面试官在面谈中，要有意识地规避首因效应和近因效应的心理陷阱。

其实，无论是首因效应还是近因效应在面试官身上起作用，都显示出面试官身上的感性因素战胜了理性因素。如果在招聘面谈中，面试官总是相信自己的感觉，而不能从实际出发考查应聘者的能力和资质是否与用人标准相匹配，其实是非常失职的行为。作为一名为企业筛选人才的面试官，必须肩负起责任，用专业能力招聘，而不是用情感招聘。因此，面试官应做好以下三点（见图 3－3）。

（1）**保持理性，从内心深处认真对待每一次招聘面谈**

无论面试官是企业的经营者或管理者，还是企业人力资源部门的一名员工，在招聘面谈中，都要做到上对企业负责，下对每一位前来面试的应聘者

	规避首因效应和近因效应的心理陷阱的三大方法
1	保持理性，从内心深处认真对待每一次招聘面谈
2	严格遵守招聘面谈的流程，关注每一个环节
3	建立评价体系，并紧密围绕评价体系展开面谈

图3－3　规避首因效应和近因效应的心理陷阱的三大方法

负责。招聘不是简单地将一名应聘者招募到企业就结束了，面试官更多的是要思考自己所招聘的应聘者是否能够适应企业文化，很好地完成岗位工作。如果面试官受情感影响，招聘的应聘者不符合岗位的用人标准，不仅会增加企业的人力成本，还在一定程度上表现出了对应聘者的不负责。

因此，面试官要保持理性，从内心深处认真对待每一次招聘面谈，一定要避免“岗位缺人了，招个差不多的得了”“管他合适不合适，先把人招进来再说”“我招聘看感觉，感觉对了，什么都可以”等想法。

唯有认真、严谨，抱着对企业和应聘者负责的态度去招聘，才能避免受到首因效应、近因效应的影响。

（2）**严格遵守招聘面谈的流程，关注每一个环节**

一般来说，招聘面谈的流程包含5个环节，即开场白、回顾主要背景历程、专业知识/技能测试、性格及求职动机探寻、结束面谈。

受到首因效应影响的面试官可能只关注前两个流程，而受到近因效应影响的面试官往往会对最后两个环节印象深刻。事实上，招聘面谈的5个环节缺一不可，每一个环节都对客观地考评应聘者有着重要作用。从某种程度上说，这5个环节中，中间的3个环节作用更大。回顾主要背景历程包括应聘者向面试官介绍自己的学历、专业、工作经验等，面试官向应聘者介绍企业的发展历程、岗位特点等，是应聘者和面试官相互了解的重要环节；专业知识/技能测试、性格及求职动机探寻是面谈的核心部分，主要是面试官通过问答等方式，判断应聘者是否符合岗位的用人标准和资格要求。

所以，为了有效规避首因效应和近因效应的影响，面试官要严格遵守招聘面谈的流程，对每一个环节都要关注到位，并认真执行，而不是只关注开头和结尾。

（3）**建立评价体系，并紧密围绕评价体系展开面谈**

不可否认的是，受首因效应和近因效应影响的面试官，很容易对应聘者作出轻率的、不客观的评价。为了规避这种情况，面试官要建立评价体系。

一般来说，对应聘者的评价有 3 个方向：

一是个人基本素质评价，包括仪容仪表、语言表达能力、情绪控制能力、沟通能力、创新能力、应变能力、逻辑思维能力、自我认知能力等。

二是相关工作经验及专业知识评价，包括工作经验与岗位的匹配程度、专业知识和工作技能与岗位的吻合性、学习能力等。

三是录用适合性评价，包括个性特征与企业文化的融合度、工作的稳定性、职位胜任能力及发展潜力等。

如果面试官能够提前按照以上 3 个方向建立评价体系，在招聘面谈中，紧紧围绕以上 3 个方向展开面谈考查，就能够对应聘者形成一个全方位的、立体的、客观的评价，有效避免首因效应和近因效应的影响。

总之，面试官在招聘面谈中，要有意识地避开首因效应和近因效应所产生的心理陷阱，综合考查应聘者的能力和素质，为企业招募到志同道合、有发展潜力的人才。

相似效应：存在“像我”偏见

俗话说“物以类聚，人以群分”。经过观察，其实我们不难发现，人们总是喜欢与“像我”的人相处。例如：一个人的朋友大多与他/她自己同脾性，一名优秀主管的下属往往也很优秀，一个成功的人身边的朋友也大多是成功人士……在心理学中，把这种现象解释为“相似效应”，认为人与人相处存在“像我”偏见，即内心偏爱或偏向与自己相似的人。换句话说，人们之间的相似性，会引起喜欢等情绪或态度。

在招聘面谈中，相似效应也在面试官身上发挥着作用。不少面试官在面试过程中，常常倾向于对那些与自己相像的应聘者产生好感，进而产生一层“心理滤镜”，招募与自己相似的应聘者。

李爽这天面试了一位应聘者，对其一见如故。因为两人从同一所大学毕业，又来自同一个地方。在面谈的过程中，李爽发现自己感兴趣的话题，也是应聘者很感兴趣的；应聘者在大学里的一些经历，自己也曾经历过。

受到种种相似点的影响，没有经过多长时间的面试，李爽就决定录用该应聘者，因为她觉得既然应聘者跟自己有如此多相似的地方，想必也很优秀，而且以后一起工作一定很愉快。

很多研究表明，面试官对于与自己有相似背景或经验的应聘者，常常会给他们更多的正面评价，即使这些相似点可能暗藏了应聘者不适合该岗位或不能胜任该岗位的缺点。深究其缘由，本质还是面试官在强调自身的价值。

从案例来看，李爽之所以录用该应聘者，就是受到了相似效应的影响，即对“像我”的应聘者心存偏爱，并认为对方跟自己一样优秀。但是在实际的招聘面谈中，受相似效应的影响程度越深，面试官越难以做到理性判断，进而就越难为企业招募到真正适合岗位的人才。所以，面试官要相应地克服“像我”偏见，理性招聘。具体来说，就要注意以下几点（见图 3－4）。

	避免相似效应的心理陷阱的三大方法
1	彼此出现多个相似点，面试官要心生警惕
2	客观、真实地记录笔记，避开“像我”偏见的影响
3	去伪存真，留下符合岗位要求的“像我”者

图 3－4　避免相似效应的心理陷阱的三大方法

（1）**彼此出现多个相似点，面试官要心生警惕**

在招聘面谈中，如果面试官在与应聘者沟通的过程中发现应聘者与自己有多个共同点，如来自同一个学校的同一个专业、来自同一个地方、喜欢吃同种味道的食物、有共同喜欢的演员、擅长同一种乐器等，即便是再微小的相似点，都会对面试官的心理产生影响，让其对应聘者心存好感。但是，如果出现多个相似点，面试官就要心生警惕。

一是受“像我”偏见的影响，面试官会对“像我”的应聘者心存好感，难免会对其作出过高评价，但是此时的评价是不客观的、失去真实性的，且对其他的应聘者不公平。

二是如果是面试官先说到自己的某个特点或爱好，应聘者屡次附和“我也是”“我也有××”等，说明应聘者抱着不单纯的目的，有故意讨好之嫌。

所以，当面试官在招聘面谈中发现应聘者与自己有多个相似点，就要明确告诫自己“我是来招聘适合岗位的员工的，而不是来交朋友的”“跟我像不像其实一点也不重要，重要的是他/她符不符合岗位的用人标准”“我不能对像我的应聘者产生特殊的好感，这对其他的应聘者不公平，也是对招聘工作的不负责”等，以防自己存在“像我”偏见，对应聘者评价过高。

(2) **客观、真实地记录笔记，避开“像我”偏见的影响**

为了避免“像我”偏见造成的影响，面试官在招聘面谈中，要养成客观、真实地记录笔记的习惯。面试官在记录笔记时，要坚持做到以下两点。

一是提前告知应聘者记录的目的。不可否认的是，在招聘面谈中，面试官如果忽然在笔记本上开始记笔记，此时应聘者内心会七上八下，产生紧张情绪。所以，面试官可提前告诉应聘者“在面谈中，我会记下对我来说很有价值的信息，你不必为此感到紧张”或“为了提高面试的准确度和公正性，我要在面谈中做好相关笔记”。

二是记录事实，不要作过多的个人评价。因为招聘面谈的时间短暂、节奏快，如果面试官此时记下个人评价，不仅会耽误时间，还会造成评价错误。所以，面试官不要写下主观或概括性词语，只需记录事实即可。等招聘面谈结束后，再对应聘者形成全面的、客观的、清晰的评价，综合判断应聘者是否适合该岗位，而不是看谁更“像我”。

(3) **去伪存真，留下符合岗位要求的“像我”者**

我们强调要警惕相似效应的负面影响，这并不意味着当面试官在招聘面谈中，遇到一个与自己相似的人时，就一定不能录用。重点在于面试官在遇到与自己存有相似点的应聘者时，要去伪存真，留下符合岗位要求的“像我”者。例如一位销售岗位的应聘者的沟通能力很强，也喜欢与陌生人打交道，曾经在校园的销售类比赛中获得金奖，而面试官正好也有这些爱好和经历。虽然这些也属于“像我”因素，但是这些相似因素是符合应聘岗位要求的，因此面试官可以纳入考虑范围。

在招聘面谈中，面试官在与应聘者沟通的过程中，或多或少地会受到“像我”偏见的影响，内心倾向于选择与自己相似的应聘者，但是面试官还是要保持理性的思考，分清应聘者身上哪些“像我”因素是真正符合岗位要求的，哪些又是会产生负面影响的，理性地评价和选择，积极地发挥出相似效应的正面价值，为企业招募到真正适合岗位发展的有潜力的人才。

反弹效应：和“前员工”作对比

美国哈佛大学社会心理学家丹尼尔·文格纳和他的同事曾经做过一次实验。

他们先是要求实验对象尝试在第一个 5 分钟的时间里不要想象一只白色的熊；而在下一个 5 分钟的时间里，则要求实验对象想象一只白色的熊。在整个实验过程中，要求实验对象用语言刻画他们脑海中想象的东西，当想到一只白熊的时候就按铃报告。结果那些被要求抑制思维、不要去想白熊的实验对象，他们按铃的次数是那些没有接受指导语的实验对象的两倍。实验结果表明，越是努力压制某种想法，就越会导致某种想法更加强烈。这在心理学上被称为“白熊效应”，也被称为“反弹效应”。

反弹效应，也可称作“后抑制反弹效应”。举一个简单的例子，夜晚时分，我们明明很想睡觉，但是意识却十分清醒，不断回忆着过去的事情。越是想要克制自己不去回忆，它越是将我们推向思想的“背面”，甚至比不控制还要糟糕。

在招聘面谈中，不少面试官也常常受到反弹效应的影响，即将应聘者与“前员工”作对比，尤其是当前员工表现非常优秀的时候，面试官在招聘面谈中往往更加“意难平”，希望招募到一个不比前员工能力差的新员工。因为受到反弹效应的影响，面试官越想克制这种念头，结果越是难以控制。

李清明最近“痛失”一员大将，于是开始招聘新的员工。

在招聘面谈的过程中，李清明总是情不自禁地拿眼前的应聘者跟已经离职的员工作对比，内心暗暗揣测："眼前的应聘者能力不如他（前员工），他十分擅长策划，而应聘者没有相关的策划经验。另外，他在学历、语言表达能力等方面都要比眼前的应聘者优秀。算了，我再看看吧！我就不信招不到一个跟他能力差不多的员工。"

因为李清明总是抱着与前员工作对比的心理招聘，因此李清明很长一段时间都没能招募到心仪的新员工。

从案例来看，李清明在招聘时受反弹效应影响颇深，不自觉地会拿应聘者与优秀的前员工作对比，并屡屡得出眼前的应聘者不如前员工的结论，所以很难招募到心仪的新员工。从某种程度来说，面试官存在这种心理也在所难免，尤其是前员工表现优秀，面试官内心的天平更是会向其倾斜；如果前员工表现得不尽如人意，面试官通常会希望招聘的新员工身上不要存在前员工身上的缺点。但是，如果面试官受到这种心理影响，就会患得患失，同时也很难真正静下心来判断眼前的应聘者是否真正符合岗位的要求。

所以，面试官在招聘面谈中，要尽量避免反弹效应对自己造成的影响，保持平和、客观的心态去招聘。

（1）**不要压抑自己的想法，不刻意抵抗杂念**

反弹效应的特点之一在于你越是压制它，越是受其干扰，以致自己的思维变得更茫然无序。此时，你的心情会很紧张，神经也更紧绷，心率和呼吸也会出现变化，心绪更是难以平静。

所以，避免反弹效应的第一步就是不要压抑自己的想法，也不刻意抵抗杂念，而是让其自然来、自然去，保持内心平静。具体来说，当面试官脑海中出现将眼前的应聘者和前员工作对比的念头时，不要立即压制自己的念头，并受其控制，而是要放松地接受它：

其实我有这种想法很正常，因为我的前员工真的很优秀，跟他/她合作也很愉快，如果新员工能够像他/她一样能力强、性格好，也真的挺好的。

前员工身上虽然存在一些缺点，但人和人是不同的，我不能用前员工的标准衡量眼前的应聘者。

如果应聘者身上既有前员工的优点，又能规避前员工身上的缺点，那就真的太完美啦！但是，凡事强求不来，也不能按照我的心意发展，我应该用发展的眼光看待眼前的应聘者，可能结果会更棒也说不定呢！

…………

当脑海中出现这些想法时，面试官要抱着放松的、积极的、开放的心态去接纳它们。同时，面试官要逐渐放松自己的精神，放慢呼吸，让自己的内心归于平静。

（2）**记住自己的目标，为岗位招募合适的人才**

虽然在招聘面谈中将应聘者与前员工作对比在所难免，但是面试官要记住自己的目标，即为岗位招募合适的人才，而不要将过多的注意力放在与前员工作对比上。另外，每个人都有各自的优点和缺点，如果面试官一味地执着于前员工优秀或不足的地方，就很难真实地看见眼前的应聘者身上的闪光点和不足之处。

所以，面试官在招聘面谈中，要始终牢记自己的招聘目标，当脑海中出现将应聘者与前员工作对比的念头时，提醒自己当下面谈的目标是帮企业招募合适的人才，而不是帮自己招一个和前员工一样或完全不同的人。这就像有的女生在找男朋友时，或多或少地会受到前男友的影响，此时女生不要刻意压制自己不去比较，而是要记住自己的目标：找到一个志同道合的伴侣，奔赴新的生活，而不是将自己的目标定位在不要跟前男友一样或一定要跟前男友一样。

从某种程度来说，面试官招聘新员工时，如同人的第二段恋爱一样，人们倾向于寻找一个与过去不满意的人的特点相反的人，或寻找一个与过去满意的人的特点完全一致的人。无论是基于以上哪一点，都会对面试官的招聘面谈造成干扰，所以面试官要尽量避免反弹效应在自己身上所产生的影响，放下执念，抱着平和的心态去招聘。

“爱表现”现象：只说、不听、不看

在某种程度上，人们内心都渴望“表现自己”，只是很多人没有在合适的场合表现出来而已。在招聘面谈中，也存在这样一类“爱表现”的面试官，他们凭借丰厚的经验和在面试中所处的主导地位，好为人师，并以一副过来人的姿态“指教”应聘者应该怎么做，而不听取对方的想法。

郑微收到一份面试邀请，应约前去面试。

面试官问道：“我看你应聘的是销售岗位，你学的是人力资源管理，为什么没有应聘人事岗位呢?”

对于面试官的提问，郑微内心很诧异，但仍然认真地回答：“我觉得销售工作其实还挺有挑战性的，我希望自己能够走出舒适圈，挑战一下自己，所以……”

没等郑微把话说完，面试官就打断道：“我还是觉得你们女孩子不适合应聘销售岗位，销售岗位压力很大，我觉得你无法适应。我当初就是做销售起步的，一开始很苦很累，压力也超乎想象，这些……”被面试官突然打断，郑微认为面试官不是很有礼貌，同时面露尴尬，面试官仍视而不见，继续滔滔不绝。在整整 5 分钟的时间里，郑微一直听着面试官在讲述他自己的奋斗史。在接下来的面谈中，面试官每次提问之后，即便郑微作答，面试官也还是牢牢地将话语权握在自己的手中，不去回应郑微的想法，而是全程表达自己的看法。

郑微内心十分郁闷，不知道自己是来面试的，还是来听课的。

从案例来看，郑微遇到的面试官属于“爱表现”的一类，将招聘面谈变成了一场小型演讲，全程只说自己的想法和看法，而不去聆听郑微的想法。

在面试中，有一个黄金法则，即说话的“二八原则”，指 80% 的内容交由应聘者去说，而 20% 交由面试官去说。换句话说，面试官 80% 的时间都要用来倾听、观察应聘者。相反，如果面试官将 80% 的时间用来说话，就很难获取来自应聘者的关键信息，自然就无法判断面前的应聘者是否适合该岗位。

因此，面试官要规避“爱表现”的心理陷阱，把关注点放在应聘者身上，通过面谈去获取重要的信息。

“爱表现”的面试官有一个很大的特点，就是喜欢把话语权牢牢掌握在自己的手中，把招聘面谈变成自己的主场，不去回应对方的表达。这种行为难以获取有价值的信息，也使招聘面谈失去了意义。因此，面试官在招聘面谈中应该与应聘者平分话语权，不要抢夺应聘者的话语权。

具体来说，面试官在招聘面谈中要做到以下 4 点（见图 3－5）。

	规避“爱表现”的心理陷阱的4点事项
1	平分话语权，不要抢夺应聘者的话语权
2	保持倾听，不要轻易否定应聘者
3	多将话题抛给应聘者，了解对方的想法
4	关注应聘者的情绪，并照顾对方的心情

图 3－5　规避“爱表现”现象的 4 点事项

（1）**平分话语权，不要抢夺应聘者的话语权**

一般来说，在面试中，大多由面试官向应聘者发问，掌控面谈的方向，应聘者相应地显得被动。尤其碰到“爱表现”的面试官，应聘者就显得更被动，难有说话、表达想法的机会。但是，需要注意的是，面谈是双向交流，面试官在考查应聘者的同时，应聘者同样也在考查企业。所以，面试官在面试中要保持平等、尊重的心态，给予对方提问、表达的机会，不要抢夺对方的话语权。

同时，当应聘者提问或表达想法的时候，面试官要认真对待，并作出有针对性的回答，而不是顾左右而言他。

（2）**保持倾听，不要轻易否定应聘者**

在面谈中，因为双方掌握的信息不同，应聘者在表达的时候，有的面试官可能会以自己固有的观念轻易地否定对方。例如面试官说“不是这样的，我在这个行业这么多年了，懂的要比你多，你的看法很浅显……”“不是这样的，你的看法很不对……”“为什么你会有这样的想法？你不知道你的想法其实很幼稚，行不通吗？”等，随意打断应聘者，一味地表达自己的看法，而不去聆听应聘者真正在表达什么。

保持倾听的第一步，就是要求面试官在与应聘者沟通的过程中，不要轻易否定对方。即便内心不认同应聘者的观点或者看法，也不要轻易否定甚至打断对方的表达，而是要接受观点的多样性，并设身处地地思考应聘者此番表达的思想和动机，保持适度的尊重比武断评判更有价值。同时，在倾听的过程中，面试官要表情认真、眼神专注，并适时给出自己的反应，表示自己在认真倾听，例如点头、微笑等，尊重对方，鼓励对方继续讲下去。如果应聘者是一位健谈者，即便对方的表达有些逆耳，面试官也不要轻易打断对方的讲话。

（3）**多将话题抛给应聘者，了解对方的想法**

为了能够更好地避免只说、不听、不看的情况，面试官在面谈中要有“多将话题抛给应聘者”的意识，多听应聘者表达他/她的想法和感受。**尤其当应聘者是个性格内向、不善言谈的人时，由面试官主动发起并抛出相关话题很重要**。例如面试官向应聘者介绍岗位信息时，可询问应聘者“你怎么看呢”“我刚刚都介绍清楚了吗”“你有什么疑问吗”等，将话题交给应聘者，了解对方的想法。

（4）**关注应聘者的情绪，并照顾对方的心情**

学会关注应聘者的情绪，并照顾对方的心情，也是招聘面谈中重要的一课。面试官不仅要学会聆听，还要会观察，关注应聘者的情绪，了解对方当下的想法。例如面试官提出了一个问题，应聘者却面露难色，表情出现变化，此时面试官要及时打住，并表达自己的歉意，如“我好像问了一个不是很应该问的问题”“不好意思，这个问题好像让你很为难”“这个问题不方便回答就算了，请见谅”等，更能赢得应聘者的好感。

面试官要放下身段，端正态度，使用谦虚、友好的措辞，让应聘者在交谈中感到舒适，这样更能达到面谈的目的。

更重要的是，面试官在面谈中，要从内心深处建立一种平等的心态，既不要高看对方，也不要高看自己，关注此次面谈的目标是为企业和岗位招募到一位真正适合的、有发展潜力的人才，而不是将其变成个人的表演秀场。少一些表现的心理和行为，多听多看，更容易促成一场有价值的面谈。

“书记员”：只听不看，忽视肢体语言

澳大利亚著名心理学家艾伦·皮斯和芭芭拉·皮斯在他们所著的《身体语言密码》一书中提到，人类的全部信息表达＝7%语言＋38%语气＋55%身体语言。可见，身体语言在人们交流中有着重要作用。同时，很多心理学家对人们的肢体语言进行了深入的研究，结果表明肢体语言会透露很多信息。

然而，不少面试官在招聘面谈中常常表现出“书记员”状态，即把主要精力集中在应聘者的回答上，而忘记观察应聘者本人，忽视其肢体语言。这样会错失很多重要的信息。如果面试官在面谈中不仅“听其言”，还能“观其行”，则能得到更丰富、真实的信息。

周薇正在面试一位应聘者。应聘者的简历显示他曾经是一个重要项目的负责人，周薇对这部分的内容很感兴趣，于是问道：“你能说说你当初是怎么部署这个项目的吗？这个项目挺重大的，你一定做了很多工作吧？”

周薇注意到应聘者在回答之前做了一个摩擦鼻子的动作，心下了然其中肯定有“内情”。应聘者在回答的时候，表达很不流畅，有些地方也不能自圆其说。正如周薇所料想的那样，应聘者的负责人身份有水分。原来应聘者只是项目组的成员之一，却将项目负责人做的事情算到他自己头上来了。

心理学研究表明，人们在说谎时会引发鼻子内血液流量增大，人会因为鼻子不舒服而不自觉抽动，或用手掩盖、摩擦鼻子。周薇正是因为在面试中

观察到了应聘者的这个动作，获得了更真实的信息。在招聘面谈中，面试官可以通过观察应聘者的行为、表情变化，来印证他/她说的内容，检查两者是否一致。

为了让面试官的观察更有针对性，下面我们将应聘者的行为和表情分为两大类，即面部表情、姿势与触摸动作。

首先，面部表情是人与人交流时传递情感信息的最重要的部分。在招聘面谈中，面试官要重点关注应聘者的微表情和眼神。例如应聘者咬嘴巴，则显示内心焦灼、紧张；皮肤泛红或面色惨淡，通常是说谎的反应；应聘者出现目光闪躲或四处乱看时，说明对方内心紧张、焦灼或在撒谎。

其次，姿势及触摸动作也能泄露应聘者的心理活动。一般来说，当应聘者手势较多时，说明应聘者内心慌乱，可能正在说谎；应聘者用手捂住嘴巴、触摸脖子等动作，同样也是说谎的外在表现。

为了能够让大家对肢体语言有更多的了解，下面我们介绍一些常见的应聘者会表现出来的肢体动作以及其典型含义（见表3－2）。

表3－2　肢体动作及其典型含义

分类	肢体动作	典型含义
面部表情	抿嘴巴	模棱两可
	咬嘴巴	内心焦灼、紧张
	抬眉毛	吃惊、怀疑
	目光接触	真诚、友好、自信
	目光躲避	紧张、害怕、说谎、缺乏安全感
	眼神向左看	回忆
	眼神向右看	说谎

（续表）

分类	肢体动作	典型含义
姿势与触摸动作	坐姿端正	果敢、自信
	身体前倾	感兴趣、友好
	手抖	紧张、害怕、焦虑
	双臂交叉胸前	生气、抗拒、防卫
	坐在椅子边缘	焦虑、紧张、缺乏安全感
	摸脖子、嘴巴、鼻子	撒谎、恐慌、焦虑

从表 3－2 中，我们可以大致了解应聘者在面试中出现的几种常见的肢体动作及其背后的典型含义。下面，我们进一步介绍当面试官懂得观察应聘者的肢体语言后，还需要做好哪些工作。

（1）**巧妙追问，寻求更多的真实信息**

在招聘面谈中，如果面试官在询问应聘者一个问题后，应聘者的回答模糊、不具体，且伴有一些肢体动作，如不断抖动着双腿、眼睛四处乱看、面色惨淡，说明应聘者此刻说的不是真话。当发现对方有这些表现时，面试官可巧妙地追问，以寻求更多的真实信息，例如“还有别的原因吗？”“还有其他的想法吗？”“还有呢？”这样可以引导应聘者说出更多的信息。

需要注意的是，面试官在追问的时候，表情和语气应是温和、友好的，不要带有压迫性，要注意分寸。换句话说，面试官的追问要适度。如果追问之后，应聘者不愿意回答，就要作罢。

（2）**不要孤立、片面地解读应聘者的肢体语言**

有的面试官在观察应聘者的肢体语言时，常常将应聘者的表情和肢体动作分开看待，忽视应聘者的其他表情和肢体动作，孤立、片面地解读应聘者的肢体语言。例如应聘者在回答的过程中，与面试官眼神接触时目光闪躲，并且手抖，面试官观察到这一现象，就认定应聘者在说谎。其实不然，结合应聘者目光闪躲和手抖的行为，说明应聘者此时内心很紧张、焦灼，可能并不是在说谎。如果面试官自认为应聘者在撒谎，就采取消极、冷硬的态度对待，会极大地加重了观察行为的负面效果。

因此，面试官要想获得准确的信息，就要连续地观察应聘者的肢体语言，并结合应聘者当时的心情和语言，综合判断，而不是孤立、片面地随意解读应聘者出现的肢体语言。

总之，一个人在传达信息时，语言成分只占到 7%，而 55% 的信息都需要肢体动作来传达。一个人的肢体语言其实更能反映他/她内心的真实活动，具有较少的欺骗性。所以，面试官在面试时要想了解应聘者真实的心理状况，就一定不能忘记观察应聘者的肢体语言。

值得强调的是，观察肢体语言仅仅只是一种方法，并不意味着在观察肢体语言的同时，面试官就可以忽略对方语言的重要性，两者之间往往是相辅相成的。

“随意发问”现象：经验主义或心血来潮

不少面试官在面试过很多应聘者之后，内心常常感觉疲倦，于是有些面试官在招聘面谈时常常心血来潮，想出一些千奇百怪的问题来向应聘者发问。或者有的面试官受经验主义的影响，不提前做准备，在招聘面谈中随意发问，让面谈变成一场没有目的和价值的闲聊。

蒋铭是一名资深的面试官，工作时间久了，他觉得正儿八经的招聘面谈很乏味。这天，他遇到一个空乘专业的应聘者前来应聘会展策划的岗位。

因为以往没有接触过空乘专业的应聘者，蒋铭心血来潮地问道：“你们空乘专业的学生都需要上什么课程，是不是很严格？你都遇到过什么有意思的或让你觉得为难的情况，能说一下你都是如何处理的吗？”

应聘者面露尴尬，简单地回答了蒋铭的问题。蒋铭听完后，继续追问：“你们空乘行业，是不是每年都有很多免费旅游的机会啊？而且听说空乘行业的福利待遇也挺好的，你怎么不继续做这份工作啊？”

在10多分钟的面谈中，蒋铭全程在询问应聘者关于空乘行业的事情。只在面谈快要结束的前几分钟，根据以往的面试经验随意问了应聘者与岗位相关的几个问题，就录用了应聘者。

从案例来看，面试官蒋铭在招聘面谈前并没有做好准备，也没有端正面谈的态度，只是凭着以往的面试经验，心血来潮向应聘者发问，所提的问题缺乏针对性和有效性，偏离了招聘面谈的重心，自然难以考查面前的应聘者是否符合招聘岗位的用人标准，也使面谈失去了价值。

招聘面谈其实是一项系统且复杂的工作，需要面试官提前做好充足的准备，即便是一位经验老到的面试官，也要避免在招聘面谈中出现“随意发问”现象。同时，面试官也要在面试中克服心血来潮的心理反应，避免突发奇想地提出一些与招聘无关的问题，而要抱着认真、真诚的心态去展开面谈。

从某种程度来说，面试官在面试中心血来潮或表现出经验主义先行，原因在于其没有端正面谈的心态，随意对待招聘面谈。这种情况在只有一位面试官和一位应聘者的一对一面谈中表现得尤为突出。所以，想要克服“随意发问”行为，面试官就要端正招聘面谈的态度，认真对待每一次面谈（见图 3 －6）。

	克服“随意发问”行为的两大方法
1	保持认真的态度，做好面谈前的准备工作
2	保持谨慎的态度，不要轻易执行脑海中一闪而过的念头

图 3 －6　克服“随意发问”行为的两大方法

（1）**保持认真的态度，做好面谈前的准备工作**

为了避免随意发问的行为，面试官要保持认真的态度，做好面谈前的准备工作，包括以下几种。

一是分析、研究应聘者的简历，包括了解应聘者的院校背景、专业能力、工作经历、在校情况和兴趣爱好等，初步了解应聘者是一个什么样的人。

二是在分析应聘者简历的同时，面试官可在笔记本上记录下关键信息和想要提问的关键点。例如应聘者有过去非洲当志愿者的经历，面试官可询问应聘者的心路历程和收获等。

三是查阅与此次面谈有关的信息。例如应聘者毕业于国外一所面试官没有听过的大学或面试官对应聘者所学专业不是很熟悉，此时面试官可提前查阅有关资料，了解更多的信息。

四是根据前面的工作，写下此次面谈的注意事项等。例如从应聘者的自评得到应聘者性格内向的信息后，面试官要告诫自己：表达要温和，且要有耐心，给应聘者时间去思考、表达，不要过于焦躁、强势等。

五是认真研究招募岗位的用人标准和入职资格。一个面试官的责任是为企业招募真正适合岗位要求的、具有发展潜力的人才，对企业的发展负责。所以，面试官在面试中要认真研究招募岗位的用人标准和入职资格，多和用人部门沟通，与企业的管理者交流，加深对工作的认识。

（2）**保持谨慎的态度，不要轻易执行脑海中一闪而过的念头**

心血来潮的面试官最大的特点就是容易冲动，若脑海忽然起了某个念头，便会当下决定立即实施。从某种程度来说，面试官的心血来潮在一定程度上显示出对应聘者的不尊重，所以面试官要暗暗警示自己，不要搞花哨的形式主义，要考虑应聘者的感受，并谨慎对待每一次面谈。因为很可能在面试官眼里很新奇、有趣的话题，却让应聘者如坐针毡，难以轻松自如地表达，进而影响应聘者展现最佳的状态。

例如面试官看到应聘者“兴趣爱好”一栏上写着“爱好唱歌、跳舞”，忽然很想见识应聘者的歌唱和舞蹈能力如何，于是让应聘者当场跳支舞蹈或唱首歌曲。针对这一类情况，除非与应聘岗位相关，否则不要轻易要求应聘者现场展示。所以，当面试官脑海忽然闪过一个念头时，要再三斟酌，不要轻易执行。斟酌的标准是当你已经在衡量这件事情能不能做时，就不要做。

在招聘面谈中，面试官一定要端正自己的面试态度，保持初心，不要凭借经验随意提问，更不要心血来潮地提出一些奇怪的想法，并要求应聘者配合，毕竟面试不是你的私人社交。

第 4 章

招聘面谈的 6 个测试策略

要想能够有效地对应聘者作出恰当、合理的评价，面试官就要确定好招聘面谈的测试策略。本章介绍了 6 个测试策略，面试官可根据面谈情况进行选择。

行为式面谈策略

要想在 15 分钟招聘面谈中对应聘者作出恰当、合理的评估，面试官就要提前确定采取什么样的方式来进行面谈比较合适。行为式面谈是许多面试官常采用的策略之一。

行为式面谈主要是根据应聘者过去实际行为的事例描述来评测其胜任力，通过收集应聘者提供的行为事例来预测应聘者未来将会如何处理相关情况。因为一个人过去的行为具有相对固定性，并不会迅速发生变化，是预测未来的最好指标。特别是在遇到类似的情景时，人们会倾向于重复过去的行为方式。

同时，行为式面谈侧重于评测应聘者深层的行为能力，而不太看重其学历、年龄、性别、外貌等，重点是了解应聘者在遇到相似的情景时是否会和过去的行为模式保持一致，了解应聘者的品行和处事风格是否与其应聘的岗位要求相吻合，并深入探索应聘者的动机和兴趣。

销售岗位最近缺一名销售员，周杨负责招聘。

考虑销售岗位需要有抗压能力、应变能力和激情，周杨在面谈中问了应聘者几个问题：

“请描述你所经历过的一件事情，比如你在拜访客户时遇到了一个巨大的困难，你是怎么克服的？或者说你是如何签下你销售生涯中最大的一笔单子的？”

“当你对销售行业的好奇感逐渐消失，一切归于平淡时，你是如何保持对工作的激情的?”

“请描述一个你曾遭受极大压力的场景，在此情况下，你是如何应对的?”

“在你过去的销售经历中，遇到过始终不认可你的产品的客户吗？你是如何做的?”

“请回忆一下在你的工作经历中最能体现你成就的时刻，你当时都做了什么取得这样的成就?”

…………

案例中，周杨采取的就是行为式面谈策略，如提出“在你过去的销售经历中，遇到……，你是如何做的”等问题，通过应聘者的回答来预测其在未来的销售工作中的表现，进而评判该应聘者是否能够满足销售岗位的要求。如果应聘者在过去的销售经历中，遇到困难和挑战时，总是能很好地承担压力，认真解决问题，那么，可以预测将来再碰到类似的情况时，该应聘者也能努力克服，迎难而上。

当然，行为式面谈不是泛泛地询问应聘者过去所经历的事情，而是结构化面试的一种具体表现，一般要遵循标准化的流程。因此，面试官在使用行为式面谈策略时要注意以下两点。

（1）掌握行为式面谈的招聘流程

行为式面谈的招聘流程一般分为 5 个环节：开场白，回顾主要背景历程，专业知识/技能测试和具体的行为事件访问，性格及求职动机探寻和具体的行为事件访问，结束面谈。这里，我们重点介绍中间的 3 个环节。

回顾主要背景历程，包括了解应聘者的职业发展情况、主要工作职责和职位情况、求职动机等。例如“你上份工作离职的原因是什么?”“你在上家公司从事的是销售后勤工作，可以说说你具体负责哪些工作吗?”“是什么原因让你决定应聘这份工作呢?”

专业知识/技能测试和具体的行为事件访问则重点考查应聘者是否具备招

聘岗位所需的专业知识和技能。我们先解释一下具体的行为事件访问。一般来说，事件应包含以下几个方面：事件发生的情景；事件中所涉及的人；应聘者在该情景中的思想、感受和愿望；应聘者在该情景中究竟是如何做的；事件的最终结果是什么。

例如应聘者应聘的是视频剪辑的岗位，面试官则需要考查应聘者是否具备视频剪辑的技能，并要重点考查应聘者过去的工作表现，如询问“在你过去的工作经历中，最成功的视频剪辑是什么样的，取得了什么样的成绩?”

性格及求职动机探寻和具体的行为事件访问主要考查应聘者的性格、动机、潜力发展和稳定性等。例如，若要考查应聘者的承压能力，面试官可以询问“你所经历过的让你感觉压力最大的工作或项目是什么？你是如何渡过难关的?”

掌握基本的行为式面谈的招聘流程能够让面试官有的放矢地进行面谈，获取重要的信息。

（2）**确定招聘岗位的品性标准并设计重点考查项目**

每个岗位都有其各自的特点，需要考查的应聘者的专业能力和品性也有所不同。在行为式面谈中，面试官要根据招聘岗位的特点确定应聘者的品性标准和重点考查项目。例如销售岗位需要考查应聘者是否有吃苦耐劳、热情、真诚等品性；秘书岗位需要考查应聘者是否有细心、大局意识、临危不乱、善于忍耐等品性。

为了能够测试应聘者是否具备招聘岗位的品性标准，面试官要设计重点考查项目。一般要从两个方向进行设计。

一是根据应聘者的简历设计相关的场景，要求应聘者选择过去的工作经历中的具体的事例，说明自己在其中的位置、采取的行动以及最后呈现的结果，进而了解应聘者当时的反应和处理方法是否与招聘岗位的要求相吻合。

二是根据招聘岗位的要求设计一系列问题，对应聘者进行现场测评，既能了解应聘者的应变能力，也能了解应聘者的思维和处事风格。例如面试官想要考查应聘者是否具备主动性，能否自发完成工作任务，可提问：“请用一个具体的事例说明你曾经做过的分外工作的经历，以及你当时主动做这件事情的初衷。”“请你分享一个由你主动发起的项目或工作，你为什么要发起这项工作？最终实施的结果是怎么样的?”这样不仅能追问事情经过，还能够了解应聘者具体做了哪些事情，取得了怎样的结果。

值得强调的是，面试官在行为式面谈中，提出的问题必须要针对应聘者的行为或事情的过程，而非应聘者个人的感觉、情绪、判断等。同时，在提问时，多使用含有最大限度词义的词语，如“最好”“最高”“最近”“最让你不满”等，以便了解应聘者所拥有的经验和能力如何，进而判断应聘者的能力与目标岗位的匹配度，为岗位挑选更适合的人才。

压力式面谈策略

在招聘面谈中，压力式面谈发挥着独特的作用。压力式面谈是指面试官在面谈中有意制造紧张感，以了解应聘者将如何面对工作压力和情绪压力。一般来说，面试官通过提出生硬的、看似不礼貌的问题故意使应聘者感到不舒服，针对某一事项或问题进行一连串的发问，打破砂锅问到底，直至应聘者无法回答来制造压力。其目的是确定应聘者的承压能力、应变能力和人际关系处理能力。

在面试中，周雯拿着应聘者的简历说："我看你的院校背景很一般，老实说，你的学校我都没有听过。我不觉得你能做好这份工作。"

应聘者不卑不亢地答道："我们学校的名气虽然比不上重点大学，但是我们学校非常重视我们的专业，给我们请了很好的专业课老师，而且我学的专业也与贵公司的招聘岗位对口。同时，我也有相关的工作经验，能较快地适应工作。"

周雯把简历放在桌上，双手抱胸，靠在椅子上说："既然你这么说，那你就用 1 分钟介绍一下你的专业吧！"

应聘者在 1 分钟内详略得当地介绍了专业。

周雯继续追问："如果公司交给你一项紧急的任务，但是你这时接到电话说你的父亲住院了，你会怎么办？"

应聘者沉默了一会儿，认真地说："我会先寻求能够接手这份工作的人的帮助，并以最快的速度做好工作交接，然后赶往医院看望我的父亲。如果父亲的情况不是很严重，我会再赶回来继续工作。”

这时，周雯步步紧逼：“这份紧急工作除了你无人能接手，你怎么办？还坚持回去吗？”

应聘者坚定地点头：“我的父亲更重要。”

周雯耸耸肩，一脸抱歉：“那就没办法啦！”

正当应聘者准备离开的时候，周雯叫住了应聘者，真诚地道歉：“不好意思，其实刚才我们是在进行一场压力面谈，你表现得很优秀，即便承受巨大的压力，也依旧保持着良好的风度，克制冷静。欢迎你加入我们的团队！”

案例中，周雯使用的就是压力式面谈，一开始就提出了一个不太友好的问题，对应聘者的院校背景和工作能力表示质疑和否定；接着故意制造压力，要求应聘者用 1 分钟的时间介绍专业；最后，提出让应聘者难以抉择的“工作和家人，孰轻孰重”的复杂问题。同时，在提问的过程中，周雯还通过一些非语言信号给予应聘者压力，如双手抱胸、靠在椅子上、耸肩等。很显然，应聘者承受住了压力，表现很优秀。

一般来说，压力式面谈面向的是对压力承受能力要求较高的岗位面试。在压力式面谈中，压力承受能力弱的应聘者往往不能招架，难以发挥出高水平；而压力承受能力强且能随机应变的应聘者则能轻松应对，发挥出较高的水平。

当然，面试官在开启压力式面谈时，不是简单地问几个让应聘者感觉到压力的问题，而是掌握策略，有效地展开面谈。

（1）了解几种常见的压力式面谈的方式

虽然压力式面谈总体是在面谈中给予应聘者压力，以考查应聘者的承压能力、应变能力和性格特征等，但是压力式面谈也分不同的形式。这里，我们介绍几种常见的压力式面谈的方式（见图 4－1）。

一是不断追问，了解更多的信息。例如面试官问应聘者：“你觉得在销售

	常见的压力式面谈的5种方式
1	不断追问，了解更多的信息
2	质疑或否定应聘者，包括院校、专业和工作能力等
3	直接指出应聘者的不足
4	提出复杂的、高深的、让人两难的问题
5	面试官言行压力

图 4－1　常见的压力式面谈的 5 种方式

岗位，最需要具备的素质是什么?”如果应聘者回答“勤奋”，此时面试官可继续追问：“除了勤奋，还有什么?”通过一步步追问，考查应聘者的应变能力和承压能力。

二是质疑或否定应聘者，包括院校、专业和工作能力等，如“我之前录用过你们学校的学生，说实话，表现很不理想。”“我觉得以你现在的经验，来应聘销售主管似乎还早了一点，你是否考虑从业务员做起?”这样可以让应聘者因为“被歧视”“被否定”而感受到压力，从而考查应聘者的抗压能力。

三是直接指出应聘者的不足。如“你自评‘沟通能力强’，但通过我与你的交流，我好像没有发现这一点。”“我认为你简历上写的‘经验丰富’与实际情况差距比较大，你自己怎么看?”这样既能考查应聘者面临压力时的表现，又能从侧面了解应聘者对自己的定位和认识。

四是提出复杂的、高深的、让人两难的问题，如“如果现在有一个按钮，你按下去能立即获得一千万元，但与此同时时间会倒退一年，你愿意吗？为什么?”在考查应聘者的承压能力的同时，也可以考查应聘者解决复杂问题的能力。

五是面试官言行压力，表现为面试官面色冷峻、眼神冷淡、声音僵冷、态度傲慢，以考查应聘者的反应。

采用以上 5 种常见的压力式面谈的方法，可以从各个角度考查应聘者的承压能力、应变能力、解决复杂问题的能力等。

（2）了解招聘岗位的压力是什么

面试官在进行压力式面谈前，要先了解招聘岗位究竟需要应聘者承担什么压力，或希望通过压力式面谈达到一个什么样的目的。只有想清楚这一点，压力式面谈才是有价值的，否则只会让应聘者觉得莫名其妙，甚至质疑面试官的品质。

一般来说，岗位上的压力包括任务复杂性压力、时间效率压力、人际互动压力、随机应变压力等。例如招聘主持人，需要考查应聘者的人际互动压力和随机应变压力，面试官在招聘面谈中可设置相关的问题对应聘者进行考查。如让应聘者根据PPT展开解说，在解说过程中，PPT的内容忽然变更为其他的主题。这样既能考查应聘者的应变能力，又能考查其思维和串联能力。

了解招聘岗位的压力是什么，并设置与岗位压力相对应的问题或场景是非常重要的，它能让面试官有的放矢地进行压力式面谈。

（3）观察应聘者的即时反应，包括微表情、肢体动作、语言和声调

面试官在进行压力式面谈时，要观察应聘者的即时反应，包括应聘者当时的微表情、肢体动作、语言和声调等，要连贯、统一地看待应聘者在面对压力时的反应，而不是割裂看待。

具体来说，当面试官提出一个问题后，要观察应聘者的表情是否从容、镇定；声音是否依旧温和；肢体动作是否缓慢且细致；微表情是否大方坦然；姿态是否不卑不亢。换句话说，如果应聘者回答得很完美，但是肢体动作很激烈，声音很刺耳，表情也不从容、镇定，则说明该应聘者的反应很快，但承压能力不强。

值得强调的是，压力式面谈要适可而止，同时压力刺激不等同于人身攻击。如果面试官在压力式面谈中对应聘者的人格有冒犯之意，即便应聘者承受住了压力，并知晓这是压力式面谈，仍然会大大降低对招聘企业的好感度。另外，压力式面谈过后，面试官也要及时向应聘者真诚地说明缘由，并得到应聘者的理解。

放松式面谈策略

不可否认的是，有的应聘者因为内心羞怯、面试经验不多、初入职场等，常常在面试中表现得很紧张，难以自如地进行面谈。针对这一种情况，面试官可以采取放松式面谈，帮助应聘者放松紧张的心情。放松式面谈是指面试官在面谈过程中，营造一种轻松友好的气氛，以缓解应聘者的戒备心理，消除其紧张情绪。

从心理学的角度说，当处在轻松的环境里时，人们会减少内心的戒备感，也更愿意交流，同时也较容易不对面试官设防，很容易讲出内心深处真实的想法。所以，放松式面谈在面试中有着独特的价值和魅力。

应聘者刚坐下来，面试官田甜就倒了一杯冰水，温和地说："今天天气挺热的，一路过来热坏了吧，你先喝杯水缓缓吧！"

看见田甜如此亲切友好，应聘者也渐渐放松下来。

田甜翻看着应聘者的简历称赞道："你的简历做得很好，详略得当。而且我看你毕业于 × × 大学，这个学校含金量很高的！你的专业看上去也有趣，你能给我具体介绍一下吗？"

应聘者详细地向田甜介绍了相关的专业信息。在回答过程中，应聘者多次看向田甜，像是在和一位朋友交谈。田甜也从应聘者的回答中了解到很多重要的信息。

在案例中，田甜采取的是放松式面谈，营造轻松自然的气氛让应聘者放松戒备，消除紧张的情绪。具体来说，田甜通过倒一杯冰水、称赞应聘者等方式，让应聘者在轻松友好的氛围里比较真实地表达自己。田甜也因此获得了想要的信息。

从表面上看，放松式面谈似乎只是营造轻松自然的气氛这么简单。事实上，面试官要想通过放松式面谈取得有效的面谈效果并不容易。在具体实施放松式面谈的过程中，面试官要注意以下几点（见图4－2）。

	放松式面谈的3点注意事项
1	营造轻松自然、温馨亲切的开场氛围
2	对应聘者的回答表示支持和肯定
3	把握时间，掌握面谈的方向和节奏

图4－2　放松式面谈的3点注意事项

（1）**营造轻松自然、温馨亲切的开场氛围**

通常情况下，开场的气氛往往会为整个招聘面谈过程定一个基调。要想采用放松式面谈，面试官首先要营造轻松自然、温馨亲切的氛围。具体来说，面试官可从以下三个方面营造开场氛围。

一是礼貌周全地接待应聘者。从应聘者与面试官见面的瞬间，面试官就要营造轻松友好的氛围。例如应聘者进门前，面试官可从座位上站起身来迎接，一个小小的欢迎动作瞬间就能让应聘者感受到面试官的友好；给应聘者倒水，微笑着告诉对方："别着急，你先喝杯水吧！"

二是生活化的提问。从一些生活化的提问开始面谈，有助于进一步消除应聘者的紧张感和戒备心。例如"我们这里不好找吧？""你现在是住在哪个区啊？离这里近吗？""今天下雨了，路上没淋到吧？"生活化的提问不仅能够营造轻松的氛围，还会一下子打乱应聘者精心准备的回答，将他/她拉入一个没有预料到的环境中去，也为后续的面谈做准备。

需要强调的是，面试官在说出这些话语时，要用表情、动作、声调辅助表达，尤其放松式面谈有拖沓之嫌，使用表情和肢体语言可以迅速营造轻松友好的气氛。表情要温和大方，眼神要专注和带着笑意，声调要愉悦轻松等。

（2）**对应聘者的回答表示支持和肯定**

经过一个轻松自然、温馨亲切的开场后，此时应聘者已经初步放松紧张的心情，并对面试官产生亲近感。此时，双方进入正式的招聘面谈环节，面试官提出一些和招聘岗位相关的问题，例如“你为什么应聘这个岗位呢?”“你对这个岗位有什么想法呢?”

在应聘者回答的过程中，面试官要对应聘者的回答及时给予支持和鼓励。如在应聘者遇到不会的问题时，面试官可以鼓励地说：“再想想，说错也没关系的”；当应聘者阐述自己的观点而面露迟疑时，面试官可以微笑点头，暗示应聘者可以放心大胆地说下去。面试官的支持和鼓励不仅可以进一步营造放松式面谈的氛围，还能让应聘者放下心理防备，并将话题引入更深入的部分，而面试官也能从应聘者的表述中了解其真实意图以及各方面的能力。

同时，面试官也要善于通过肯定应聘者，捕捉、放大一些能展现应聘者多面性的信息。例如应聘者提到自己一次成功的工作经历，面试官可温和地提问：“你觉得是什么原因促成了那次的成功?”以考查应聘者的价值观、思维能力、表达能力。

（3）**把握时间，掌握面谈的方向和节奏**

虽然放松式面谈有着很多优点，但是也存在一定的缺陷，具体有两点。

一是如果招聘岗位需要应聘者有较强的抗压能力，那么放松式面谈则不适宜采用。因为在放松的氛围里，是无法检测应聘者是否具备良好的抗压能力的。

二是节奏慢，耗费的时间较多。因为消除对方的戒备心需要过程铺垫，尤其对第一次见面的应聘者和面试官来说更是如此。另外，当应聘者心情得到放松后，思维容易发散，易出现耗费时间的现象。

针对以上问题，面试官首先要牢记招聘面谈的目的是考查应聘者的能力，而不是与应聘者闲聊。因此，即便是采取放松式面谈，面试官也要注意把握时间，在一些非重要的问题上点到即止，及时收住话题，并引导应聘者往自己想要的方向表达，控制面谈的方向。

其次，建议面试官采取封闭式提问与开放式提问相结合的方式。对于自己想要了解的问题，使用开放式提问，以获得更多的信息；对于一些必须问但不想了解太多的问题，可采取封闭式提问。

采用放松式面谈，能够在轻松友好的氛围里，让面试官同应聘者建立信任关系，让应聘者不设心防，吐露内心真实的想法。不过需要强调的是，放松式面谈适用于初入职场或面试经验不多的应聘者；对于资深的职场人或应聘者来说，放松式面谈并不能打动他们，因为他们清楚地知道：这是面试，而不是拉家常。

情景式面谈策略

情景式面谈是指通过对岗位进行分析，确定工作情节，设计出一系列的问题，并提前给出相应的答案，然后在招聘面谈中，面试官将会对所有的应聘者提出同样的问题，并按预定的答案对被试者的回答进行评价。

情景式面谈被频繁地用于人才招聘中，是基于美国社会心理学家库尔特·勒温的著名公式：$B=f(P, E)$。他认为行为（behavior）等于性格（personality）和环境（environment）的函数，即一个人的行为（B）是其人格或个性（P）与其当时所处情景或环境（E）的函数。换句话说，应聘者的表现是由他们自身的素质和当时面对的情景共同决定的，主要考查的是应聘者的应变能力、思维能力和处事能力，以及应聘者的知识面、谈吐行为和仪表风度等。

在一次招聘中，面试官王文琦先后问了 3 个应聘者同样一个问题："最近一段时间，你一直在做着任务重、繁忙的工作，你已经很努力地把每天的任务完成好。你也知道这不是谁的错，但是你现在内心已经积满了怨气。这时，你又接到了一项需要立即完成的工作，你内心更郁闷了，这时你会怎么办？"

应聘者 A 回答道："前面的工作先不管了，我现在立刻就开始执行刚接到的工作。"（低）

应聘者 B 回答道："向领导坦诚自己的不容易，希望领导可以给出更多的时间，但仍然会努力完成工作。"（中）

应聘者C回答道："毫无怨言地接受这项工作，并想尽一切办法去完成它。"（高）

最终，王文琦选择了应聘者C。

案例中，面试官王文琦使用的就是情景式面谈，对所有的应聘者询问同样的问题并按照预定的答案对应聘者的回答进行评价。

从三位应聘者的回答来看，应聘者A的优点在于有能立即完成新工作的意愿，但缺点是责任心不够，放弃了前面的工作；应聘者B的优点在于能努力地完成工作，但缺点是情绪管理能力不够；从应聘者C的回答可以看出，其不仅有解决问题的意识，还具有较好的承压能力、情绪管理能力，更符合岗位需求，也更贴近面试官心中的最佳答案。

虽然只是一个情景测试题，但通过应聘者的回答，却能多角度地考查应聘者的应变能力、知识技能、思维与洞察力、处理冲突的能力、组织协调能力、人际关系处理能力、语言表达能力等。当然，面试官在进行情景式面谈时，不只是简单地提问一个情景式问题这么简单，还要掌握以下策略（见图4-3）。

	情景式面谈的3点策略
1	针对岗位需求，提前设计情景式题目
2	仔细聆听，认真揣摩应聘者的回答
3	引入多种情景模拟方法，综合评判应聘者的表现

图4-3　情景式面谈的3点策略

（1）**针对岗位需求，提前设计情景式题目**

要想自如地展开情景式面谈，面试官要针对岗位需求，提前设计好情景式题目。设计情景式题目有两个原则。

一是情景式题目能反映出招聘岗位的用人要求。例如针对销售岗位，可设计题目"一个客户总是质疑你的产品，并说你的产品不合格，你会怎么做？”这是在情景式面谈中常提出的问题，能够有效考查应聘者的抗压能力和应变能力，而这些都是销售岗位必备的能力。

二是情景式题目能够反映出面试官想要考查的点。例如针对行政岗位，面试官想要考查应聘者的人际沟通能力和人际压力承受能力，可设计题目“你刚入职公司，被领导安排收部门报告的任务，其中有三个部门迟迟不交，距离你上交报告时间只有1小时了。你可以如实把情况告诉给你的领导，但是你的领导势必会怪罪还没有上交报告的部门，并且大家都认为你在暗中告状，场面会很尴尬。这时你会怎么办？”该情景式题目能够反映出面试官想要考查的点，而不是随意设计的。

（2）**仔细聆听，认真揣摩应聘者的回答**

在面谈中提出准备好的情景式题目后，在应聘者回答的过程中，面试官就要仔细聆听并认真揣摩应聘者的回答，并从中分析应聘者的思维模式、解决问题的角度（是以关系为导向还是以结果为导向）、人际沟通能力、自我定位、性格和情商、价值观等。同时，面试官还要思考应聘者的回答是否带来了惊喜，是什么样的惊喜，这些惊喜反映出应聘者的什么特质等。

这里我们要强调的是，面试官在聆听应聘者的回答或观察应聘者的行为反应时，要注意以下两点。

一是以旁观者的角度观察。换句话说，面试官要适度跳脱出自己的面试官身份，即不要以面试官的身份干扰应聘者。在应聘者作出回答或反应时，面试官不要预设立场，也不要对应聘者的反应心存偏见，要保持中立、客观。

二是以倾听者的姿态聆听。由于不少面试官在设置情景问题时，常常内心有自己认为的最佳答案，因此若是应聘者的回答不在自己的想象之中或没有给自己惊喜之感，面试官就会先入为主地放弃认真倾听，甚至直接发表评论。其实这一做法不仅不礼貌，还难以真正理解应聘者的真实想法。所以，面试官在倾听的过程中，要保持认真倾听的状态，尝试理解应聘者表达的合理性和价值所在，并在倾听的过程中作出思考，给予应聘者眼神关注，鼓励应聘者真实地表达自己的想法。

(3) 引入多种情景模拟方法，综合评判应聘者的表现

一般来说，情景式面谈常常引入无领导小组讨论、公文处理、角色扮演、演讲、答辩、案例分析等情景模拟方法。这些情景模拟方法能够帮助面试官检测应聘者的组织协调能力、口头表达能力、辩论能力、说服能力、情绪控制能力、人际关系处理能力、非语言（面部表情、身体姿势、语速和手势等）沟通能力等，面试官可由此综合评价应聘者的能力和岗位胜任力。

因此，面试官要综合评判应聘者的表现，不仅要关注应聘者回答的内容，还要评判应聘者的言行举止、技能熟练程度、心理素质和岗位胜任力等。例如评判应聘者的心理素质时，面试官可根据应聘者处理事件的方式、解决问题的角度、眼神、气质和语言表达等进行评判，更能得到全方位的信息。

值得强调的是，面试官在情景式面谈中，要少发言，少评论，不要过分地表现自己，把更多的发挥空间留给应聘者。

经验式面谈策略

经验式面谈需要面试官有丰富的经验作为支撑。在面谈中他们久经沙场、阅人无数，深谙面试之道，掌握了面试中的各种方法与技巧，通过简短的几分钟交流就能将面前的应聘者预测得八九不离十。甚至可以说，当应聘者出现在面试官面前时，面试官只凭借应聘者的简历，再问三个问题，就能大致判断眼前的应聘者是一个什么样性格的人、他/她的优点是什么。

周曼是一名资深的 HR，从事招聘工作已经近 10 个年头了。她练就了“火眼金睛”，能够从应聘者的简历看到应聘者这个人，从他/她的校园经历、工作经历可以看出其大致的成长轨迹，从爱好和自评一栏可以看出应聘者的自我定位和个性特征等。

在面试一位刚刚毕业的大学生时，虽然应聘者的简历显示其有很多工作经验，但是周曼很细心地发现应聘者在强调自己做过什么，却没有写做成什么。从过去众多的面试经历看，她觉得简历中“做成什么”比“做过什么更重要”。另外，周曼发现应聘者的大学专业是生物科学专业，与公司所招聘的岗位丝毫不相关，于是很想要了解应聘者真正的志向在哪里，他/她的兴趣点是什么。除此之外，周曼还从应聘者的简历上看到了很多信息。

基于对这些信息的了解和掌握，周曼凭借着自己的经验，有的放矢地开启了面谈。如周曼所猜想的那样，应聘者的大致情况与周曼根据经验进行的判断十分相近，面谈也进行得很顺利。

案例中，周曼进行的就是经验式面谈，即根据以往的面试经验对应聘者的简历进行分析和判断，初步了解应聘者的一些情况，进而在面试中有的放矢地了解重要的信息，效率更高。

当然，经验式面谈绝不是仅遵循经验就能达到面试的目的。具体来说，面试官还需要掌握以下面谈策略。

(1) **从 4 个维度“看”应聘者简历上的信息**

一般来说，有经验的面试官在甄选人才时有 4 个维度，即知识、技能、经验和心理特征（见图 4－4）。

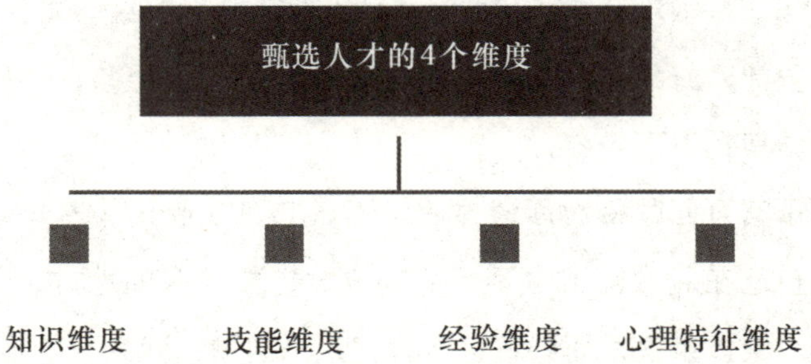

图 4－4　甄选人才的 4 个维度

知识维度，包括专业知识、岗位知识、其他知识等，主要考查的是应聘者是否具有相关的知识储备，知道该做什么，可从应聘者简历上的专业一栏得出相关信息。

技能维度，包括专业技能和通用技能，其中不同的岗位需要不同的技能，比如沟通能力、合作能力、组织能力等，主要考查的是应聘者是否知道该怎么做，可从应聘者简历上的技能一栏得出相关信息。

经验维度，主要指专业经验、岗位经验等，主要考查的是应聘者是否做过相关工作，具体可从应聘者简历上的工作经验一栏得出相关信息。

心理特征维度，包括应聘者的态度、自我认知、定位、价值观、性格、动机等，主要考查的是应聘者是否愿意做、喜欢做、适合做，可从应聘者简历上的自评一栏得出相关信息。

当然，这只是面试官根据应聘者的简历初步作出的判断，要想更好地验证信息，面试官还要在面谈中进一步从以上 4 个维度考查应聘者，以得出更准确、真实的信息。

需要注意的是，面试官可借鉴自己过往的面试经验，但不能受到经验的限制。有些依据经验进行面谈的面试官可能用同一套标准或过去发生的类似案例套用在眼前的应聘者身上，从而错失了很多优秀的人才。

（2）**积累经验，并做好复盘和总结**

相较初级面试官，有经验的面试官拥有丰富的面谈经历，积累了众多的面谈经验。当然，如果面试官只是简单从数量上积累面谈经验，而不去做复盘和总结工作，是很难获得长足的进步的，也无法做好经验式面谈。

因此，要想做好经验式面谈，面试官要学会积累经验，并做好复盘和总结工作。具体包括以下内容。

一是面试官可回顾每次面谈过程。面试官可在脑海中将整个面谈再推演一遍，分析自己在此次面谈中不足的地方、需要注意的地方、一定不能再出现的失误等。具体来说，面试官可问自己几个问题：我今天的形象是否得体？是否认真地倾听应聘者讲话，是否彬彬有礼？我的表现是否沉着、自如？我在面谈中是否出现了失误或表现不友好的地方？……面试官可采用自问自答的方式，得出结论。

二是分析原因。面试官在复盘面谈经验时，尤其对于自己表现一般或不到位的地方，一定要问自己“为什么会出现这样的情况”，进一步分析问题出现的原因。同样地，对于自己表现优秀的地方，面试官也要分析原因，加深自己的印象，以正面强化。

三是形成文档。这是很多面试官在复盘经验时，常常忽略的一个部分。不少面试官认为复盘完成后，得出结论就可以了。其实不然，如果这些宝贵的面试经验不记录下来形成文档，就很像一盘散沙，时间久了，沙子会慢慢消失得无影无踪。而将复盘得出的结论形成文档固定下来，就会形成知识。总结文档不仅能展现出面试官再次思考的过程，还有利于面试官与下次复盘和总结作对比。值得一提的是，面试官可将每次复盘文档放在同一文件夹里，而不是随便乱放，否则最后面试官也无法收集全部的复盘文档。

除此之外，面试官还可与其他的同事交流经验，取长补短，共同进步，并常常翻阅复盘笔记，多多练习和实践，而不是让其变成躺在文档里的“经验”。

可以说，有经验的面试官已经在众多的面试经历中练就了“火眼金睛”，只通过应聘者的简历和自我介绍，就能判断出眼前的应聘者大体上是一个什么样的人。同时丰富的面试经验也能让面试官更自如地进行面试，效率较高。值得注意的是，面试官在面试中还是要保持初心，而不是用经验解决面试中的所有问题。

应变式面谈策略

在招聘面谈中，有一种很有意思同时也非常考验应聘者能力的面谈方式，即应变式面谈。应变式面谈是指面试官通过提出一些有难度，甚至两难或多难的问题让应聘者来回答和分析。问题可能与岗位职责直接相关，也可能与岗位职责无关。此类问题不是游戏类的“脑筋急转弯”或道德方面的问题，在问题背后隐含着面试官想要考查的要素。面试官的主要目的是在面试中识别出具有很好的应变能力、逻辑思维能力、分析与解决问题能力的高素质人才。

著名的美国企业微软公司享誉全球，它是全球最大的电脑软件提供商。微软公司的成功与其拥有的人才有着密不可分的关系。多年来，微软公司一直致力于发掘和吸引来自全世界的人才。微软公司创始人比尔·盖茨（Bill Gates）在招聘人才时，非常注重考查应聘者的逻辑思维能力、应变能力、解决问题的能力。

比尔·盖茨很早就说过：“微软只招用聪明人。”而判断一个人是否聪明，一个非常有效的方法就是提出智力应变式问题，譬如为人津津乐道的“微软面试100问”。微软公司常常会向应聘者提一些稀奇古怪的问题，如“为什么下水道的盖子是圆形的？”“你和你的导师产生分歧怎么办？”“两条不规则的绳子，每条绳子的燃烧时间是1小时，请问如何在45分钟烧完两条绳子？”“全美有多少个加油站？”“你让一些人为你工作了7天，你要用1根金条作为报酬。金条被分成7小块，每天给出1块。如果你只能将金条切割两次，你怎样分给这些工人?”“美国有多少辆汽车?”通过提问考查应聘者是否具备应变能力、创新能力、问题解决能力、思维能力等。

可以说，微软公司在面试中可通过提出这些应变式问题，筛掉一批应聘者。而最终留下来的应聘者无疑是佼佼者，为微软公司的发展贡献着巨大的力量。

当然，在应变式面谈中，面试官依旧要遵循以下策略，以便更好地发挥出应变式面谈的效果。

（1）提出智力应变式问题，建立考查标准

一般来说，智力应变式问题具体可分为智力式问题和应变式问题（见图4－5）。

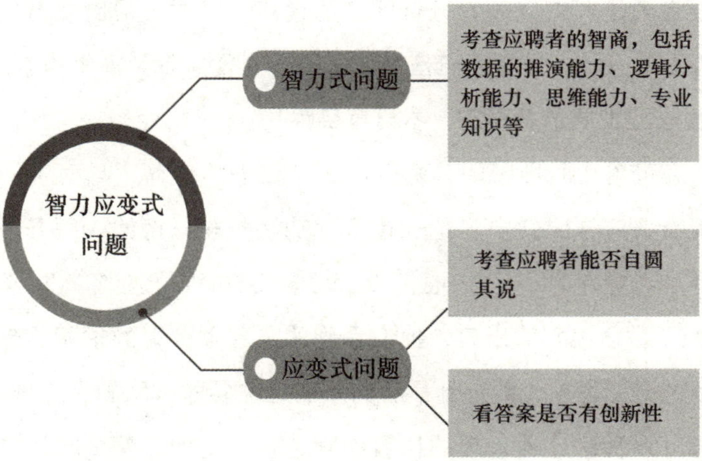

图4－5　智力应变式问题及其考查点

一是智力式问题。一般考查应聘者的智商，内容包括数据的推演能力、逻辑分析能力、思维能力、专业知识等，例如“你有8个同样大小的球，其中7个球的质量是一样的，另外一个比较重。你需要用天平仅称重两次，将那个重一些的球找出来。”“巴拿马病逝于1945年8月31日。而他出生的年份刚好是他在世时某年年龄的平方数，请问他是哪年出生的?”这些问题考查的是应聘者的逻辑思维能力、综合应用能力。这类问题一般很难复习和准备。

二是应变式问题。一般来说，对于应变式问题既没有明确的答案，也没有判断其好坏的标准，例如“悟空、八戒和沙和尚，谁是好员工?”面试官在提问时，主要关注两点。

第一是看应聘者能否自圆其说。这样的问题虽然没有标准答案，每个应聘者都可以说出自己的答案，但在应聘者给出答案后，面试官一定要进一步追问为什么是这个答案，目的是看应聘者能否对自己的答案做出一个合乎逻辑的、完满的解释。如果应聘者自己得出一个答案，却不能自圆其说，那么，这个答案就是缺乏说服力的。

第二是看答案是否有创新性。如果应聘者的回答让面试官感觉耳目一新，是以前从未听过的答案，此时也能获得面试官的青睐。

从以上可以看出，面试官提出智力应变式问题，并不在意具体答案的准确性，主要目的是考查应聘者分析问题的逻辑。同时，提出智力应变式问题还有一个重要的目的，就是考查应聘者能否透过现象看到事物的本质。

（2）**视企业发展情况而定，不要盲目跟从**

曾经，在硅谷心脏地带的公路旁有一个巨型广告牌，只有学习过高等数学的人才能看懂广告里的内容是一道数学题。一些好奇的人解开了难题，答案是一个网址。登录网站后，他们看到了一系列难度递增的数学题，最终 7500 人来到了数学迷宫的出口，他们看到的是谷歌公司的招聘广告。在这个看似是游戏的谜题面前，能走到最后的人已经被谷歌公司甄别出他/她具有非功利的兴趣，以及对这种兴趣的执着和到达目的地的智慧。可以说，谷歌公司是在用一道别出心裁的谜题来招揽世界各地的优秀人才。

谷歌公司是全球知名的跨国科技企业，业务包括互联网搜索、云计算、广告技术等。谷歌公司通过这些别出心裁的问题考查应聘者的综合应用能力、逻辑思维能力，并选择能力更强的应聘者加入企业，帮助企业实现腾飞。

但是，这一面谈方式其实并不适合每个企业的面试官在招聘中使用，尤其是中小型企业，相比大型的、具有核心发展能力的企业，其对员工能力的要求更低。即便企业采取应变式面谈，也要尽量规避智力式问题。因为对一部分应聘者来说，他们并不是很擅长解决智力式问题。换句话说，如果一个小型企业的策划岗位需要招聘人员，而面试官却用精通高等数学的人才能解开的一道数学题来考查应聘者，不仅不具有针对性，还会让应聘者觉得莫名其妙，无法发挥出应变式面谈的效果。

所以，企业的面试官在选择应变式面谈时，要根据企业的岗位需求和发展情况，有选择地提出智力应变式问题。

总之，应变式面谈在企业招聘中发挥着独特的价值，能够帮助面试官识别高素质人才，但是面试官仍要慎用且用好这一策略。

第 5 章

招聘面谈的 6 个沟通技巧

要想与应聘者进行有效沟通，提升面谈的效率，面试官就要掌握 6 个沟通技巧，即提问、观察、倾听、表达、感知和记录技巧。

一问：招聘面谈中的提问技巧

要想在 15 分钟的面谈时间里，检验面前的应聘者是否符合招聘岗位的要求，能不能成为企业要求的、具有发展潜力的人才，其实并不容易。在招聘面谈中，会提问的面试官不仅可以提升面试的水平，还能快速地了解应聘者的重要信息。

李文在和一位应聘者面谈时发现，该应聘者在 A 公司被任命为部门经理后不久，就选择了离职，她很想了解其中更深层的信息。她该怎么提问才能得到更为真实的信息呢？我们来看两种不同的提问方式。

A："我看您在上一家公司被任命为部门经理不久后就选择了离职，请问是什么原因促使您作了这个决定？"

B："为什么您要从上一家公司匆忙离职？"

相对来说，A 的提问方式更客观、中立，而 B 的提问方式则会让人觉得带着指责的意味。如果面试官在提问时，采用 A 的提问方式，再配上友善的表情和温和的声音，就能有效地化解应聘者内心的抗拒，进而得到一个更为真实的答案。但如果面试官采取 B 的提问方式，则很难让应聘者如实地说出突然离职的原因。

在招聘面谈中，提问发挥着重要的作用。面试官作为招聘面谈的主提问者，既要通过提问确定眼前的应聘者是否是适合岗位的、具有发展潜力的人才，又要注意运用提问技巧以获得更为真实的信息。所以，掌握招聘面谈中的提问技巧（见图5-1）对面试官来说十分重要。

	提问的三大技巧
1	先易后难，逐步增加问题的难度
2	灵活使用封闭式提问和开放式提问，获得重要信息
3	坚持问“准”和问“实”相结合

图5-1　提问的三大技巧

（1）先易后难，逐步增加问题的难度

如果想要让面谈在友好、轻松的氛围里进行，面试官适宜在面谈的初始阶段，先提出一些简单的、应聘者能立即回答的问题，使面谈的氛围融洽，让应聘者放松紧张的心情。相反，如果面试官开始就提出一个难度很大的问题，不仅很难营造轻松的氛围，同时也会影响应聘者的正常发挥，从而使其无法展现自己的素质和真实的能力。尤其对于紧张、焦虑的应聘者，面试官更需要先问一些简单的问题让应聘者慢慢地放松情绪。

值得一提的是，即便面试官后面加大了问题的难度，问题也依旧要简洁明了，尽量少用专业性太强的词汇，也不要故弄玄虚，而是要让应聘者能够直接从问题中了解面试官想要知道什么。

（2）灵活使用封闭式提问和开放式提问，获得重要信息

在招聘面谈中，常见的提问方式是封闭式提问和开放式提问（举例对比见表5-1）。

封闭式提问是面试官提出的问题带有预设的答案，应聘者的回答不需要展开，从而使应聘者可以明确某些信息。封闭式提问一般用来明确事实，获取重点，缩小讨论范围，问题中经常含有“是不是”“对不对”“要不要”“有没有”等词。例如“你是不是一个性格内向的人?”

开放式提问是指提出比较概括、宽泛的问题，对回答的内容限制不严格，给应聘者充分自由发挥的余地。开放式问题常常包含“什么”“怎么”“为什么”等词，可以引出应聘者的话题，使对方能更多地讲出有关情况、想法等。例如“你曾经遇到过让你感觉棘手的项目吗？你都是如何解决的？”

一般情况下，面试官在面谈中多使用开放性的提问方式，不仅能够放松应聘者的心情，让应聘者深入地谈论自己，还能摸清应聘者的思路，考查其真实水平。同时开放式提问相较封闭式提问来说，不限制答案，更能激发应聘者的表达欲望。面试官也可以在对方答案的基础上继续交流，活跃交流的气氛。

表 5－1　封闭式提问和开放式提问举例对比

封闭式提问举例	开放式提问举例
“你能解决工作中遇到的困难吗？”	“请列举一个你在过往的工作中遇到的困难。你是如何解决的，结果如何？”
“你觉得你适合这份工作吗？”	“你觉得你的什么个性特征或工作经历，对从事这份工作有直接或间接的帮助？”
“你认为你是擅长沟通的人吗？”	“如果被同事或领导误会，你会如何解决？”
“你是一个好的决策者吗？”	“请举例说明你都是如何做决定的。”

从表 5－1 可以得出，相比封闭式提问，开放式提问更能让应聘者有发挥的空间，同时面试官也能得到更多的信息。

当然，封闭式提问在面谈中也有它的价值。当面试官很想确认某些信息（如应聘者的工作职位、工作成就等）但又不想过度展开时，可采用封闭式提问。此时，封闭式提问具有较高的价值。

（3）坚持问“准”和问“实”相结合

要想提升面谈的效度，面试官在提问时，要坚持问“准”和问“实”相结合。因为面试官提问的目的是考查应聘者的能力、素质和思想水平，检验应聘者是否符合用人标准。

问“准”：面试官可结合应聘者简历上的信息，向应聘者确定某些信息。

例如应聘者简历上显示“××公司工作的经历，担任××职位”，面试官可向应聘者确认，并进一步考查应聘者的素质和工作经验。

问“实”：当应聘者在回答某些问题时，言辞含糊，眼神出现闪烁时，说明其中存在隐情，此时面试官要巧妙地识别，温和地再次询问。

值得一提的是，在面谈中，面试官要善于根据应聘者的情绪，改变提问方式，让应聘者能够发挥正常水平。例如应聘者在答题的过程中出现情绪紧张、难以组织语言的情况时，面试官可改变提问方式，换一个更直白的问法；当应聘者情绪低沉时，面试官可使用请教式提问：“从你的简历能够看出你非常擅长××，你能详细讲讲有关……”面试官根据应聘者当时的反应，改变提问方式，更能得出想要的答案。

同样需要注意的是，面试官要尽量不提涉及私人信息的问题，多提与工作相关的问题，更要避开不合法的问题。这不仅是对应聘者的尊重，更是面试官自身素质的体现。

二看：招聘面谈中的观察技巧

在招聘面谈中，面试官除了通过向应聘者提问来获取信息，同样可以通过观察应聘者的行为和反应得出信息，例如应聘者自信与否、承压能力如何、情绪控制能力如何等个性特征和情绪状态。

应聘者进门后随手轻轻地关上门，坐下时动作轻柔。在面谈中，蒋攸宁问了一个有点尖锐的问题："如果我们公司给你的工资标准没有达到你简历上填写的工资要求，你还愿意来我们公司吗？"

听到蒋攸宁提出的问题，应聘者神色略有波动，但很快平静下来了，思考了两秒钟后，眼神真诚地看着蒋攸宁，温和地说道："其实，工资只是我考虑的一个方面，更吸引我的是公司和工作本身。我更看重一个公司的企业文化和未来发展前景，以及我在工作中的发展机会。"蒋攸宁点点头，对该应聘者的表现甚是满意。她觉得应聘者行为稳重、注意细节、情绪平和、表现真诚，非常符合招聘岗位的要求。

蒋攸宁就是根据应聘者在招聘面谈中的表现作出了综合判断，比如，应聘者进门时的动作、被问及尖锐问题时的表情变化等。这些都要通过细致的观察才能发现。相比简历上的描述和应聘者用语言表达出来的信息，这些肢体语言传递出的信息往往更加真实，对面试官来说也更具有参考价值。

当然，观察不是只用一双眼睛看就足够了。观察，是有目的、有计划的知觉活动，是知觉的一种高级形式。其中，“观”指看、听等感知行为；“察”即分析、思考。

所以，面试官在观察时不能只停留在视觉层面，更重要的是对观察而来的信息进行分析、思考，进而判断应聘者是否符合招聘岗位的要求。具体来说，在招聘面谈中，面试官在观察应聘者时既要遵守观察的五大原则，又要注意由表及里，综合考查。

（1）**观察的五大原则**

面试官在招聘面谈过程中通过观察应聘者的行为和反应，能得出很多重要信息。要想做到高效观察，面试官可参照以下观察的五大原则（见图 5 - 2）。

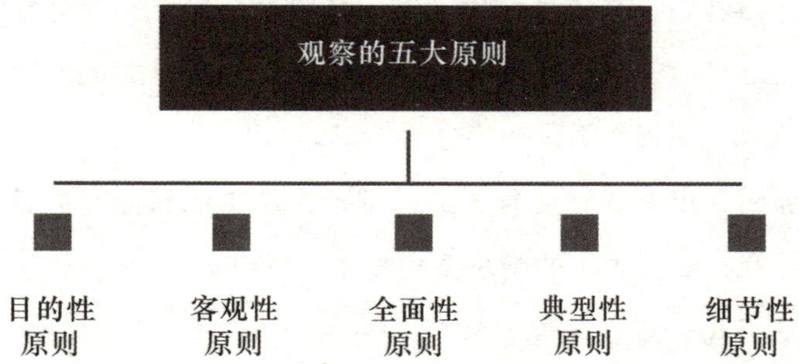

图 5 - 2　观察的五大原则

目的性原则，指面试官在观察应聘者时，要明确观察的目的和任务，以及想要得到的结果。这样，面试官在观察的过程中，才会分清主次，将更多的注意力放在重点事物上，以得到有效的信息。所以，面试官在观察时要围绕面谈的目的进行，事先确定观察和评价的标准。例如面试官提出一个尖锐的问题是为了考查应聘者遇到压力时的表现，此时面试官除了聆听应聘者的答案外，还要观察应聘者的情绪控制能力，观察应聘者当下的眼神、微表情、肢体动作是什么样的。

客观性原则，指面试官在观察时要客观、中立，不要夹杂个人的主观意志或偏见，一切要从应聘者的实际表现出发，实事求是。具体来说，面试官所观察的行为是应聘者真实发生的行为，而不是面试官本人想象出来的行为。例如面试官提出一个难度大的问题时，应聘者没有及时作答，而面试官却作出误判，认为该应聘者的沉默是不屑回答。

全面性原则，指面试官要从多方面去观察应聘者的行为表现，并进行全面的思考和判断，而不是只受某一种或几种行为表现的影响。例如：面试官发现应聘者在说话时做出了用手揉鼻子的动作，微行为心理学认为，这个动作显示应聘者在说谎。但经过连续观察，面试官发现应聘者眼神依旧真诚、不慌乱，面色正常，肢体动作也很舒缓，种种迹象表明应聘者只是单纯鼻子发痒而已。如果面试官无视其他动作，只认定应聘者用手摩擦鼻子就一定是在说谎，则会影响真实判断。

典型性原则，指面试官要有选择性地抓住应聘者某些需要重点考查的素质或能力的行为表现，并将其作为观察的关键点。例如招聘岗位需要应聘者具备良好的抗压能力，此时面试官可以通过提出极具压力的问题之后观察应聘者的反应，以了解其是否具备良好的抗压能力。

细节性原则，指面试官要善于捕捉细节，从中了解更多的信息。一般来说，细节往往存在于应聘者的微表情和肢体动作中。

（2）**由表及里，综合考查**

观察既不是静态行为，也不是割裂行为，它是一个过程。所以面试官在观察应聘者时，要由表及里，综合考查，以得出全方位的信息。具体来说，面试官要观察以下 4 点内容。

首先，观察应聘者的着装。一个人的着装能够反映出他/她的品位、性格、爱好、审美和生活状况。面试官可从应聘者的着装，大概了解对方是一个什么样性格的人。例如喜欢穿朴素衣服的人，大多内心忍耐力较强，为人比较谨慎，做事有计划性；喜欢穿华丽衣服的人大多喜欢展现自我，有较强的表现欲望。

面试官在观察应聘者的着装时，要观察应聘者是否认真准备过、颜色是鲜艳还是素淡、服装风格是否夸张、着装是否大方得体等。在此基础上，对观察而来的信息进行分析。例如应聘者的着装一看就是认真准备过的，说明应聘者比较看重此次面谈；应聘者的着装颜色鲜艳，比较夸张，可能应聘者性格比较开朗、外向。

其次，观察应聘者的行为举止。一个人的行为举止能够透露他/她的内心状态。具体来说，应聘者的行为举止可分为站姿、坐姿、手势、姿态等。对于站姿和坐姿，面试官要观察应聘者是端庄大方还是拘谨忸怩；对于手势，面试官要观察应聘者是否频繁做手势、做了哪些手势，进而思考这些手势背后的含义；对于姿态，面试官要观察应聘者的整体姿态是放松还是紧绷。

在此基础上，对观察而来的信息进行分析。例如应聘者姿态紧绷，可能反映应聘者此时内心比较紧张、焦虑；应聘者在说话时常做手势，可能说明应聘者性格外向、思维比较活跃、有自信。当然，内向的人在说话时，也会做出一些手势来辅助自己表达。所以，面试官在观察一个人的行为举止时，还要结合应聘者所说的内容和表情综合分析，不要武断地下结论。

最后，观察应聘者的微表情和微动作。通过观察应聘者的微动作或微表情，面试官能了解应聘者当前的心理活动，包括紧张、分心、焦虑等。但是微表情稍纵即逝，需要面试官即时捕捉。

具体来说，面试官要仔细观察应聘者下意识地做了哪些微表情和微动作，并思考这些微表情和微动作背后的含义。例如当面试官说到某句话时，应聘者做了一个蹙眉的动作，可能说明他/她感觉到讶异、不解或抵触。但是应聘者到底处于一个什么样的心理状态，还需要面试官结合当时的情境和自己表达的那句话的含义综合分析。微动作同样如此，面试官不能将其与环境、语言分割来看，否则观察无效。

值得强调的是，美国心理学家保罗·艾克曼（Paul Ekman）的研究显示，在解读微动作和微表情时，如果观察者没有受过充分的训练，极难判别其中的信息，还会将别人的实话误以为是谎言。

所以，面试官如果没有经过专业训练，就不要胡乱揣摩应聘者的微表情和微动作，以免出现误读。面试官要想训练，可以多了解一些常见的微表情和微动作的含义，并对着镜子演练，留意观察自己在做出某些微表情和微动作时的心理状态是怎样的，再将练习的成果用于日常互动中，查看他人的反应是否如你预期。

总之，面试官在观察应聘者时，不要轻易依据“观”下武断的结论，因为第一印象并不总是正确的。所以，面试官要想真实地了解应聘者，还需要结合“察”，进一步得出更多的信息，综合判断应聘者是否适合招聘岗位。

三听：招聘面谈中的倾听技巧

如果面试官希望自己成为一个善于沟通的人，那么就要先做一个善于倾听的人。倾听是一种重要的沟通技巧。但是在面谈中，不少面试官可能疏于倾听，而是把更多的时间用来提问和表达自己的想法，不仅难以获取应聘者传递的关键信息，还难以建立彼此间的信任关系。

文茜参加招聘面谈，虽然总体气氛还比较融洽，但是在面谈过程中，面试官总是滔滔不绝地讲自己的想法，当她想表达自己的意见和想法时，总是被面试官频频打断。

文茜很郁闷，甚至觉得自己现在坐在这里是在浪费时间。

案例中，面试官并没有展现善于倾听的一面，所以导致应聘者文茜内心郁闷且不满。在招聘面谈中，不善于倾听的表现包括打断应聘者的话、不保持目光接触、对应聘者的表达不感兴趣、很少给针对性的反馈、不着边际的谈论太多等。这些行为不仅体现出面试官对应聘者不尊重，还使面试官无法收集有效信息。

善于倾听是一个成功沟通者的重要素质之一。在以问答为主要沟通方式的招聘面谈中，面试官收集到的信息大多来自倾听。所以，具备一定的倾听能力对面试官来说非常重要。

具体来说，面试官要从以下三个方面培养自己的倾听能力。

（1）**端正倾听的态度**

在面谈中，如果面试官在倾听时，表现得随意且不专注，甚至露出不耐烦的神情，随意打断应聘者，应聘者说话的情绪受到极大的影响，友好的面谈氛围也会被破坏。相反，如果面试官能够端正面谈的态度，表现出积极、友好的倾听态度，就会建立友好的面谈关系。具体来说，面试官要表现出以下 4 种态度。

一是客观地倾听。一般来说，面试官往往容易带着先入为主、固执己见和没有参与感的态度去倾听。要想听到更多更真实的信息，面试官就一定要客观地倾听。客观地倾听是指面试官不要带着个人主观意志或偏见去倾听。为此，建议面试官可尝试以旁观者的身份去倾听。

二是尊重对方，让对方把话说完，不要武断地下论断。有的面试官在听到自己熟悉或不感兴趣的内容时，常常会打断对方，并对应聘者的表达武断地下论断。这一行为不仅显示出对应聘者的不尊重，还不能有效地倾听重要的信息，了解真相。正确的倾听方法是面试官确定自己已经知道应聘者完整的想法后再作出反应。即便听到不符合自己所想的内容，也不要表现出厌恶、抵抗的情绪。

三是真诚平等的态度。面试官在倾听应聘者的表达时，要抱着真诚、友好的态度，而不是象征性地随便听一听。具体来说，面试官要敞开心扉倾听，真诚地接纳应聘者表达的一切内容，平等地对待应聘者。

四是专注的态度。面试官在倾听时，不要只是带着一双耳朵倾听，而是要全身心地投入到面谈中。只有保持专注，面试官才能听懂应聘者在说什么，进而才能有的放矢地解决问题。

（2）**捕捉应聘者传达的重要信息**

面试官在倾听应聘者的表达时，一定要捕捉应聘者传达的重要信息。具体来说，面试官要重点关注以下 4 个方面的信息。

一是抓住关键词，听出对方表达的重点。面试官倾听的第一目的就是要明白应聘者表达的重点是什么。因为应聘者身处面试环境，受多种因素影响，可能很难清楚地表达自己的想法。常见的表达有“嗯，就是……”“我常常……”“我以前有过一次经历，就是……”等等。这样的表达常常给人一种语无伦次之感。要想从中听清表达的重点，面试官除了要专心致志地倾听以外，还要抓住对方表达中的关键词。

例如应聘者说：“我上一份工作，其实各方面待遇都还挺好的。但有一个很大的问题是工作内容太琐碎了，每天都要应付层出不穷的问题。琐碎的工作让我觉得生活都被分割了……”在表达中，应聘者屡屡提及“琐碎”二字，说明“琐碎”就是他离职的关键原因。这个时候，面试官可以重复对方的关键词进行追问，如“你能具体说说是什么让你觉得工作太琐碎了吗?”这样既让应聘者觉得你在认真听他/她说话，又能挖出重要信息。

二是关注应聘者表达时的情绪。面试官在倾听时，不仅要听应聘者表达了什么内容，还要懂得倾听应聘者在表达这一段话时的情绪是沉闷还是愉悦，是激昂还是低沉。这是面试官理解应聘者表达的真正含义的重要辅助工具。

三是注意对方避而不谈的问题。面试官在倾听过程中，要留意应聘者对哪些问题采取避而不谈的态度，这些方面可能正是问题的关键所在。例如应聘者在表达中，对从上一家公司离职的原因避而不谈，那么其中可能存在隐情，面试官不仅要关注到这一点，还要尝试在不冒犯到应聘者的前提下得到更多的相关信息。

杨洁作为面试官之一，已经和其他面试官一起面试了两位应聘者。这两位应聘者都没有太多的管理咨询工作经验，对于下属公司分管咨询业务的副总经理岗位来说都不是特别合适。如果没有更合适的人选，就需要从二者中选择一位录取然后进行培养。如果培养的话，选谁更合适呢？杨洁正在思考这个问题的时候，第三位应聘者进入面试环节，在其他面试官按照面试流程与应聘者进行面谈的时候，杨洁迅速地浏览了这位应聘者的简历。这位应聘者研究生毕业后一直从事管理咨询行业，并且在一家咨询公司连续工作了 10 年之久，从最基层的顾问助理一直升任咨询业务部的负责人。杨洁眼前一亮，可是，简历上这位应聘者的最后一份工作却是在一家汽车制造企业做战略研究，这让杨洁有些失望，难道这位应聘者不想再从事管理咨询行业了吗？10 分钟过去了，其他面试官在与应聘者进行面谈时并没有谈及她的离职原因，而应聘者也没有主动进行解释或说明。最后 5 分钟，杨洁向应聘者抛出了这个问题："请问你在之前的公司做得非常好，一看就得到了老板的赏识，从顾问助理一直升职到咨询业务部的负责人，可你为什么在这个时候突然离职去了非咨询行业呢？你是不想从事管理咨询行业了吗？"应聘者面露难色，但也没有回避，直接回答了杨洁提出的问题："公司发展得非常好，项目也从之前的只需要驻场一两天到现在的可能需要驻场两三个月。而且外地项目越来越多了，基本上一年中有大半年的时间都需要在外地驻场，实在是没有时间照顾两个孩子……我很喜欢咨询行业，之前那个工作也只是为了能够减少出差……"杨洁始终面带微笑地听着应聘者的回答，但心里已经非常笃定了，此人正是此次面试岗位所需要的人选。

案例中的应聘者有两个孩子需要照顾，不能长期出差，应聘者因此而离开了自己工作了 10 年的公司和自己热爱的行业。在其他行业工作不久的应聘者很显然还是喜欢管理咨询行业，于是应聘了这个岗位，但是应聘者对自己不能长期出差这一点刻意回避。作为面试官必须想办法了解到这些信息，并根据自己企业的实际情况来判断应聘者是否适合所应聘的岗位。

四是听出应聘者的弦外之音，洞察应聘者难以公开表达的需求和愿望。例如应聘者说："虽然我也很注重发展平台和未来的职业规划，但眼下对我来说最实际的就是独立自主，解决生存问题。"面试官就要立即意会到应聘者对薪资很关注，且有一定的期待。

（3）**使用语言信号和非语言信号作出回应**

面试官在倾听应聘者的表达时，保持放松的身体姿态，并伴以适当的肢体动作，对应聘者的话语给出自己的回应非常重要。一方面能够显示面试官正在倾听，另一方面也能激发应聘者表达的欲望。具体来说，面试官可使用语言信号和非语言信号进行回应（见图5-3）。

语言信号	非语言信号
“嗯”	面带微笑和赞许的表情
“对”	与应聘者保持积极的目光接触
“确实是这样的”	身体适当前倾
“你继续说”	适当点头和做一些小手势

图5-3　语言信号和非语言信号

语言信号。语言信号包括“嗯”“对”“确实是这样的”“你继续说”等，同时使用感兴趣的、好奇的、有力的声调，不仅能感染面前的应聘者，让其充满自信，还能促使应聘者愿意表达更多的信息。

非语言信号。非语言信号是指面试官在应聘者表达时，面带微笑和赞许的表情、与应聘者保持积极的目光接触、身体适当前倾、适当点头和做一些小手势等，让应聘者感受到你在用心地倾听。

需要强调的是，虽然非语言信号有着积极作用，但是面试官要避免大幅度的肢体动作和过于丰富的面部表情，例如挤眉弄眼、手舞足蹈、拍大腿、拍桌子等。这样不仅显示出面试官的不稳重，还会对应聘者的表达造成一定程度的干扰。

总之，面试官在倾听时要认真地、带有好奇心地、设身处地地倾听，并给出适当的语言和肢体回应。同时，面试官也不要带有偏见和预设，不要作价值评判，更不要在倾听的过程中表现出厌恶、不耐烦或生气等情绪，而是要充分接纳和尊重应聘者。

四说：招聘面谈中的表达技巧

不可否认的是，在面谈中，面试官的表达能力能显示出其综合素养。如果面试官善于表达，不仅能够轻易地让应聘者听懂自己表达的关键点，还能增强自己的说服能力。

周琪问了面试官一个问题："请问，我所应聘的广告策划岗位，具体要做哪些工作呢？"

面试官眉头一蹙，说话也带着鼻音："呃……这个，这些你应该已经在招聘网站上的工作任务和要求一栏看过了吧！我这里再跟你解释一下吧！就是你要根据我们每期的……呃……项目计划走，然后你要……这个……"

尽管面试官说了很多，周琪依旧觉得迷茫。

从案例来看，面试官在回答应聘者提出的问题时出现了三个表达习惯，让人感觉不舒服：一是说话带着鼻音；二是说话时，常常使用"呃""这个"，干扰听话人的情绪；三是表达不连贯，不具有针对性。所以，周琪感觉自己并没有从面试官那里得到关于岗位职责的有效信息，听完回答后依旧感觉迷茫。

可以看出，要想表达到位，并不是一件容易的事情。所以，面试官要掌握表达技巧，提高表达能力。

（1）改掉不良的表达习惯

每个人都有自己的表达习惯。在面谈中，面试官要改掉一些不良的表达习惯，如说话带着鼻音、声音过尖、语速忽快忽慢、口头禅过多、说话粗鲁、表达常带有“嗯，就是……”“呃”等。

面试官在表达时，要注意发音准确、吐字清晰、音量适中、语言流利、声音温和圆润、克制“嗯，就是……”“呃”的说话方式等。这能极大地提升面试官在表达时的魅力，也更容易引起应聘者的关注。

具体来说，面试官要想发音准确、吐字清晰，可做以下训练。

一是发音器官训练。如口腔开合练习、舌的前伸后缩练习、舌尖练习等，学会灵活控制发音器官，使发音更清楚、更准确。

二是声母、韵母练习。声母训练时要严格掌握正确的发音部位和发音方法，找准着力点，使发出的音有弹力；韵母训练时要严格控制口腔的开合、唇形的圆展和舌位的前后。

三是正音练习。正音练习是指按照普通话的语音标准，矫正自己的方音、难点音。

除此之外，为了让声音温和圆润，面试官说话时要气息下沉，喉部放松，说话时咬住字头，弹出，部位要准确；字颈要定型标准，过渡柔和；字腹要拉开立起，圆润饱满；字尾要归音到位，完整自如，以保持声音宽厚、通畅。

（2）**表达之前，先思考表达的目的**

面试官在表达之前，一定要先思考表达的目的。有了清晰的表达目，面试官不仅可以理清思路，还可以在表达中做到有的放矢。例如，面试官要向应聘者说明岗位的用人标准，此时面试官就要思考自己表达的目的，即要清楚地让应聘者明白招聘岗位需要应聘者具备什么样的素质和才能、完成什么样的工作内容等。

（3）**表达中的注意事项**

要想表达得当，打动应聘者，面试官还需要注意以下 7 点（见图 5－4）。

一是保持友好的态度。表达同一内容，面色冷峻地表达和面色温和地表达会产生两种截然不同的效果，后者更容易打动人心。因此，面试官在表达时要尽量保持友好的态度。为此，面试官在表达时要表情放松、眼神温和、

	表达的7点注意事项
1	保持友好的态度
2	多使用正面表达，减少负面用语
3	能用“我”则不用“你”
4	尽量配合对方的语言习惯
5	陈述事实，不要评判对方
6	表达要逻辑清晰
7	表达要有重点

图 5－4　表达的 7 点注意事项

多微笑，用面部表情和肢体语言释放善意。

二是多使用正面表达，减少负面用语。心理学家调查发现，在交流中不使用否定性的词语效果更好。有的面试官在表达时常常不自觉地使用负面用语，例如“你不行”“你不专业”“你不擅长”“缺乏”等，这样的表达会增加应聘者的压力。因此，面试官在表达时要多使用正面表达，例如“你很善于倾听”“看得出来，你在校的专业成绩很好”“原来你擅长××技术，真的太厉害了”，多说赞同、赞美的话语，降低“不”字出现的频率。

三是能用“我”则不用“你”。原因在于使用“我”更亲和、友好，更显礼貌，也能相应地化解应聘者在回答问题时的抗拒心理。例如将“你能说一下你们学校都开设了哪些专业课吗”改为“我能了解一下你们学校都开设了哪些专业课吗”；将“你错了，不是这样的”改为“我可能没有表达清楚”；将“你听明白了”改为“我表达清楚了吗”。可以看出，后者的表达比前者更显尊重、礼貌。

四是尽量配合对方的语言习惯。面试官在表达时，可以有意识地使用应聘者的习惯用语。应聘者能从面试官的这个行为中感受到认同和亲近。例如应聘者在回答时使用了一个口头禅“心累”，面试官在接下来的表达中，可重复“心累”这一口头禅。

五是陈述事实，不要评判对方。人们在表达时容易犯的一个错误就是评判对方。带有评判的表达会具有攻击性，也显得不客观。所以，面试官在表达时，要陈述事实，不要评判对方。例如应聘者谈及离职原因时说出“不喜欢上一家公司的企业文化”，如果面试官将“应聘者不喜欢上一家公司的企业文化”表达为“应聘者性格不和善，不善于变通，不懂得与他人处好关系”，就是在评判对方。

六是表达要逻辑清晰。如果面试官的表达缺乏逻辑，应聘者会感觉迷茫。所以建立清晰的表达逻辑是很有必要的。具体来说，面试官在表达时，可以先说结论，再寻找能够支撑结论的理由。同时，在陈述理由时，可用第一，第二，第三……进行罗列。理由最好控制在三个以内，太多的理由会让应聘者抓不住你想表达的重点。

七是表达要有重点。要想做到表达有重点，面试官就要建立“以对方为主”的意识，同时抓住对方提问的核心，集中精力解决对方的问题。另外，为了能突出重点，面试官在表达时可用关键词或关键句。

例如，应聘者问：“我知道设计岗位的首要职责，但公司有没有其他的要求？”首先，面试官要抓住该应聘者提问的核心是“其他的要求”，也就是说他/她想知道除招聘信息上介绍的岗位职责之外的要求，面试官如果将岗位职责再重复一遍，显然是没有抓住应聘者说话的重点。其次，面试官在回答时可以说：“据我所知，公司对设计岗位人员主要有两点要求：第一，具有一定的谈判能力，因为我们公司……；第二，有上进心，具体表现在……”其中的“谈判能力”“上进心”就是面试官表达的重点，也是引领表达的关键词。

作为面试官，会说话是一项非常重要的技能。要做到会说话，除了以上几点外，面试官还要善于运用幽默的力量。幽默的谈吐是口才好的标志之一。在表达中，如果面试官语言幽默，不仅有助于活跃面谈氛围，还能让应聘者更愿意与你交流。

五闻：招聘面谈中的感知技巧

感知能力是一种很微妙的能力。在心理学上，感觉和知觉合起来称作感知。具体来说，感知就是人们通过感觉器官对各种事物的直接认识。感知即意识对内外界信息的觉察、感觉、注意的一系列过程。一个感知能力强的人，能够在很短的时间里感知到对方在想法、态度和情绪上的变化，进而快速调整回应方式，以得到更加真实、有效的信息。

在招聘面谈中，如果面试官拥有超强的感知能力，面试工作将事半功倍。

面试官常莹问了应聘者一个问题：“你觉得你上一份工作中的领导和同事好相处吗?”

应聘者似乎觉得这是意料之外的问题，因为常莹清楚地观察到应聘者愣了一下，眼神也微微慌乱，呼吸的频率也变了。常莹敏锐地感觉到其中肯定大有文章，因为在过往的面谈经历中，她也问过不少应聘者这个问题，很少见到像面前的应聘者这样的反应。

于是，常莹声音略带抱歉地问道：“这个问题很难回答是吗？你不用有太多的顾虑，如果觉得不好回答，可以不回答的。”

常莹的抱歉和友好的态度让应聘者稍稍松了一口气，似乎下了很大的决心，谨慎地开口道：“在一个大环境中，要想独善其身其实不容易。我选择从上一家公司离职的一大部分原因就是感觉同事之间难以做到真诚相处，充满了钩心斗角。我更期待单纯、简单的同事关系。”

案例中，常莹凭借敏锐的感知能力，获得了一个真实的答案。在招聘面谈过程中，常莹通过应聘者的外在表现（愣神、眼神慌乱、呼吸频率变了）敏锐地感知到其中另有隐情，于是巧妙地调整自己的反应，通过表达理解和共情，进而得到了实情。

可以看出，感知能力在招聘面谈中发挥着重要的作用，它能帮助面试官识别更多深层次的信息。所以，面试官要有意识地提升自己的感知能力，以下是几个相关的技巧（见图5－5）。

	提升感知能力的三大技巧
1	保持平和的心态
2	善于觉察，能够捕捉并应对应聘者的情绪波动
3	善于共情，设身处地地理解应聘者

图5－5 提升感知能力的三大技巧

（1）**保持平和的心态**

如果面试官在招聘面谈中心浮气躁，是很难觉察到应聘者的细微情绪变化的。所以，面试官要想提高自身的感知能力，就要保持平和的心态，尤其是在招聘面谈中要做到心无杂念，全身心地投入面谈中。

具体来说，面试官在招聘面谈中，要把注意力放在应聘者和招聘工作上，而不要放在其他与招聘无关的人、事、物上。同时，在面谈中不要分散注意力，以免出现走神、发呆的情况。当面试官内心杂念少了，感知能力就会大大提升。

当然，保持平和的心态，并不是一朝一夕就能练成的。重要的是，面试官在日常的工作和生活中就要保持平和的心态，学会调整自己的心态。具体来说，面试官要做到以下三点。

一是不要情绪化。如果一个人时常情绪化，是很难拥有平和的心态的。而要想克制情绪化，就要在情绪来临之时，保持对情绪的觉察，并告诉自己：

“我现在正在生气，生气很不好，也不能解决问题。既然生气不能解决问题，反而让自己变得心烦意乱，不如不要把精力放在情绪上了，我还是好好沟通吧！”“我现在正在生气，情绪也在崩溃，我要先深呼吸，平复自己的情绪。”也就是说，面试官要有情绪管理的意识，并将这种意识贯彻在日常工作中，使其成为一种习惯。

二是保持坦然的心境。用快乐、积极、友好的心态去面对每一件事情，无论这件事情是不是自己乐于看到的，都要坦然应对。

三是宽容待人。如果一个人总是斤斤计较，也很难拥有平和的心态。所以，面试官在日常工作中也要多宽容别人，不要对别人的一点错误紧盯不放，并时常指责、批评他人，要多换位思考，理解他人的不易。保持平和的心态能够让面试官以一颗平静、友好、包容的心与应聘者交流，进而更能觉察到更多的信息。

（2）**善于觉察，能够捕捉并应对应聘者的情绪波动**

面试官要想提升感知能力，就要善于觉察，能够捕捉并应对应聘者的情绪波动。

首先，面试官要善于从应聘者的表情、姿势和语调上觉察相关信息，感受到应聘者的情绪波动。例如，应聘者说话时音调出现变化，谈到某一问题时闪烁其词；出现抿嘴巴、眼珠快速转动等，均显示应聘者当下情绪出现波动。

其次，面试官要及时、有效地应对应聘者的情绪波动。例如，当应聘者在回答问题的过程中突然出现紧张、激动的情绪时，面试官可以通过复述对方的话或慢慢记录等方式稳定对方的情绪，待其冷静后再进入正题；当应聘者情绪过于低沉时，可以采取夸奖、鼓励、刺激等方法。

（3）**善于共情，设身处地地理解应聘者**

在面谈中，善于共情既是一种能力，又能向应聘者表示礼貌和友好。共情也被称为同理心，它在人际交往中发挥着重要作用。通过共情，对方能够感觉到自己在被理解、接纳，从而创建友好的关系，双方的交流也更顺畅。

所以，面试官在面谈中要善于共情，设身处地地理解应聘者。

例如应聘者第一次面试，表现异常紧张，面试官也明显地感知到应聘者的手足无措，此时面试官可告诉应聘者自己理解他/她的感受："我知道你现在有些紧张，其实这是正常现象。直到现在，我都对自己第一次面试的场景记忆犹新。我当时也很紧张，跟你的状态差不多。其实你不用太紧张，真诚地说出自己的想法就好了。"

站在对方的角度，通过分享发生在自己身上的类似案例，与对方共情，表达对对方的理解。换句话说，如果面试官在招聘面谈中多释放善意和真诚，抱着帮助应聘者的目的，感知能力也会随之提升。

感知能力强的人一般容易感知别人的情绪，理解对方的苦衷，也更能够同情他人的处境。在招聘面谈中，适当运用感知能力可以帮助面试官走进应聘者的内心，得到更加真实的信息。但是，如果面试官过多地运用感知能力进行面谈，则有可能会受到情感控制，对应聘者作出不理智、不客观的判断。因此，面试官必须要具备超强的感知能力，并恰当地运用在招聘面谈中，切不可滥用。

六记：招聘面谈中的记录技巧

很多面试官不喜欢在招聘面谈的过程中记笔记，仅靠自己的记忆储存信息。因为受到首因效应和近因效应的影响，这样做的结果往往是面试官对面谈的开始和结尾记得较清楚，而对面谈过程中的一些信息的记忆则很模糊。所以，在招聘面谈中记录重要信息是非常重要的。

周琦军在招聘面谈中没有记笔记的习惯，他总觉得自己面试经验丰富，记忆力也好。这天，他前后面试了 4 位应聘者。等全部面试完毕后，他发现自己的大脑一片混乱，只记得第一位应聘者最突出的地方或最差劲的地方，对其他应聘者的记忆都很模糊。到底该录用哪位应聘者呢？他发现自己找不到可靠的信息作为参考。他陷入懊恼之中，心情烦躁。

这就是记录的价值。一方面，面谈记录可以帮助面试官提炼重要信息，强化记忆；另一方面，它也是面试官经过衡量最终确定是否录用应聘者的重要依据之一。从案例来看，如果周琦军在面谈时做了记录，那么当他出现记忆模糊或混乱时，就可以及时查阅笔记，纠正记忆错误。当然，招聘面谈中的记录也是需要技巧的。

（1）**提前告知应聘者记录的目的**

虽然从面试官的角度看，在招聘面谈过程中做记录是一件很正常的事情，但是从应聘者的角度看，应聘者会很忐忑，认为面试官是在记录自己的缺点和失误。为了避免出现这种情况，面试官可在招聘面谈正式开始前告知应聘者记录的目的，如"在接下来的面谈中，我会记下对我来说很有价值的信息，你不必为此感到紧张。""为了提高面试的准确性和公正性，我要在面谈中做好相关笔记。""为了能作出更准确的判断，我要做些笔记，请你不要介意。"

需要注意的是，记录的内容不宜让应聘者看清楚，以免增加应聘者的心理压力，所以面试官在面谈中要与应聘者保持适当的距离。当然，面试官也不能为了防止应聘者看到记录的内容，就用手遮盖记录或放在膝盖上记录，这也是不符合礼仪的。

（2）**必须记录的 4 点内容**

面谈记录，并不是记录应聘者说出的所有信息，面试官要有选择地记录一些重点。虽然记录内容因人而异，但是有 4 点内容是面试官必须要记录的。

一是记录应聘者的优点、明显的劣势和让人惊喜的点。例如应聘者在回答面试官的提出的问题时，提出了一个让面试官耳目一新的观点，让人觉得惊喜。此时面试官可做记录，给应聘者的表现加分。

二是记录应聘者简历中没有的重要信息。例如应聘者从上一家公司离职的原因，尽管其中有"水分"，但是面试官仍然要做相关记录，结合应聘者的总体表现，判断其离职原因的真实性。

三是记录应聘者过去的工作和经验中你不清楚的那部分内容。例如应聘者在上一家公司负责的是 CAD 设计的工作，面试官不是很了解 CAD 设计具体的工作内容，可向应聘者询问。

四是记录令人疑惑的地方。例如应聘者口头上表现出对前公司百般满意，但仍选择离职，中间的矛盾让人产生疑惑；应聘者工作经历中的断层部分等。

当然，为了使记录更系统、有序、完善，面试官可提前设计一份简单的面谈信息记录表，如表 5－2 所示。

表 5－2　面谈信息记录表

主面试官	应聘者	时间	地点
1. 仪容仪表			
2. 求职动机			
3. 人际能力（包括人际资源）			
4. 专业技能			
5. 情绪控制能力			

（续表）

6. 个人品质
7. 工作稳定性
8. 其他

面试官可在招聘面谈中根据面谈信息记录表如实地记录相关内容，方便、快捷。

当然，面试官也可以按照个人的习惯采取随意记录法，即自由地在纸上写下自己认为重要的信息，面谈结束后再作系统整理。

（3）**记录的 5 个小窍门**

一般来说，招聘面谈的时间短暂、节奏紧凑，同时面试官要把更多的时间用来与应聘者交流，所以要想有效记录，面试官必须要掌握窍门（见图 5－6）。

一是记录三要素：时间、地点和人物。虽然这是很小的一个细节，但却是后期查阅的关键线索，所以绝对不可忽略。具体来说，面试官在记录时，要写上面谈的日期、地点和应聘者的姓名。在记录下一位应聘者时，面试官要另起一页，以免将两个应聘者的信息混在一起，无法明确分辨。

二是保持简洁，可记录关键词和关键语句。例如应聘者提及自己曾经参

	记录的5个小窍门
1	记录三要素：时间、地点和人物
2	保持简洁，可记录关键词和关键语句
3	记录事实，不要写下主观的个人评价
4	记录要快，字可以写得小一点，多写连笔字
5	记录中正确使用省略法

图5-6　记录的5个小窍门

加过创意策划活动，做出了××努力，最终获得大赛二等奖。此时可记录为“创意策划活动　大赛二等奖”。

三是记录事实，不要写下主观的个人评价。面试官不要写下主观或概括性词语，只记录事实即可。例如应聘者分享了自己曾经担任某个项目的负责人的经历，因为考虑不周，项目并没有如期完成，但是应聘者却也从中得到了宝贵经验。此时错误的记录方式是仅仅写下一句“应聘者执行力不强”（这是评价），正确的记录方式是“应聘者因考虑不周，项目没有如期完成，却也取得了宝贵的经验”。

四是记录要快，字可以写得小一点，多写连笔字。如果面试官没能在应聘者表达完毕前结束记录，就会导致应聘者必须等待面试官记录完毕，然后才能继续进行面谈。这是不合适的。所以，面试官记录信息一定要快。

五是记录中正确使用省略法。面试官可使用简称、简化词语和统称，用自己熟悉的、能看懂的记录方式写下重要信息。例如面试官在记录时，将应聘者的姓名“许××”简称为“许”。当然，如果记录的笔记要给第三人查阅，面试官可再整理一份。

值得强调的是，面试官在招聘面谈完成且应聘者离开后，要对记录的信息进行系统的整理、备案，以真正发挥出记录的价值。

第 6 章

招聘面谈的 7 个难题应对技巧

面试官在招聘面谈中会遇到各种各样的难题，如被应聘者“放鸽子”、面谈超时、被虚假信息蒙骗、无法精准评价应聘者、被应聘者婉拒和不知如何婉拒应聘者……本章主要帮助面试官巧妙地应对这些问题，提升面谈的效率。

被应聘者“放鸽子”的应对技巧

在招聘中，虽然被应聘者“放鸽子”的现象已经屡见不鲜，甚至很多面试官都习以为常了，但是并不意味着每次面对这种情况，面试官都要选择放弃。如果一位优秀的应聘者选择放弃面试，对企业来说是一种损失。

周蔷薇收到一份应聘简历。从简历上看，应聘者很优秀，工作经验也很丰富，于是致电过去预约面试。

第二天，到了约定时间，周蔷薇再次致电提醒，却被对方告知：“我和家里人商量了一下，意见不太统一，所以就先不过去面试了。”

周蔷薇并没有因此放弃，反而说：“其实，你可以先来公司看一下再决定，你觉得呢？”

应聘者态度坚决：“还是不了，谢谢。”

听到应聘者如此说，周蔷薇内心无比遗憾，却也只好无奈地答应：“好吧。”

案例中，周蔷薇被应聘者“放鸽子”了，应聘者以“与家里人意见不太统一”为由拒绝了面试。周蔷薇稍作坚持后，最终还是选择了放弃。周蔷薇的这种应对策略显然效果不佳。一般来说，面试官被应聘者“放鸽子”有两种情况：一种是应聘者在面试时“放鸽子”，另一种是应聘者答应入职后“放鸽子”。

同时，应聘者“放鸽子”时的理由也层出不穷，千奇百怪。例如：

“今天外面天气不好，我不想出门了。”

“我今天心情不好，不想出门，不好意思啊，我不想去面试了。”

“我和家里人商量了一下，意见不太统一，所以就先不过去面试了。”

“我看皇历上说，今天不适宜出门找工作，我挺相信的，不敢去面试了。”

“我后来想了一下，你们公司单休/没有公积金/加班，我不太想去面试了。”

“我看工作要求也挺多的，工作也忙，我身体素质一般，担心自己吃不消，不想去面试了。”

“我觉得你们公司名字不大气，所处的位置也一般，不想去面试。”

“我这几天面试上别的公司了，所以我不能过去面试了。”

…………

可以看出，应聘者给出的“放鸽子”的理由（见图 6－1）主要有四大类。

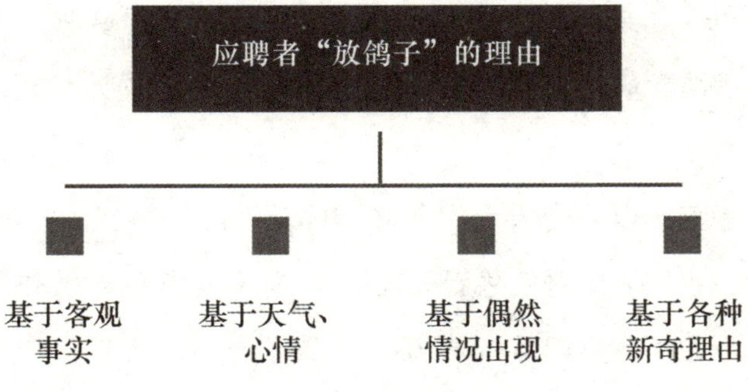

图 6－1　应聘者“放鸽子”的理由

一是基于客观事实，如企业单休/没有公积金/加班。

二是基于天气、心情，如天气不好、心情不好。

三是基于偶然情况出现，如家人不同意、面试了别的公司。

四是基于各种新奇理由，如皇历上说今日不宜出门找工作、公司名字不大气等。

无论是以上哪种理由，都显示出应聘者拒绝的意图。但是，被应聘者“放鸽子”，面试官真的就无计可施了吗？其实不尽然。

下面，我们针对以上四大类拒绝的理由来分析一下面试官该如何应对。

（1）针对以客观事实为由拒绝的应聘者要正面回应

面试官可能会遇到以客观事实（单休/没有公积金/加班）为由拒绝招聘面谈的应聘者。针对这类应聘者，面试官首先不要回避应聘者拒绝的理由，而要正面解答。例如应聘者以“单休制”拒绝招聘面谈，面试官可以这样应对：“确实，我们公司目前不实行双休制。但是，我们会有其他的福利待遇，也会发放加班费。另外，周六上班的工作并不繁重。你可以先来我们公司具体了解一下。”

总体来说，应对以客观事实为理由拒绝的应聘者，面试官要正面回应应聘者提出的问题，接着要用其他的优惠弥补应聘者的缺憾，既让应聘者感受到企业的真诚，又要充分展现企业其他方面的优势，以尽可能地挽回应聘者。

（2）针对以“天气不好/心情不好”为由拒绝的应聘者要以退为进

为了降低应聘者“放鸽子”的可能性，面试官可根据预约招聘面谈当天的天气做好应对。如果当天的天气不好，面试官可以提前两个小时或两个半小时通过短信提醒应聘者：“很期待这次的面谈，今天预计有雨，不要忘记带雨伞哦。”

如果应聘者直接以“今天天气不好/心情不好”为由“放鸽子”，面试官就要以退为进，可以表示对应聘者的理解：“你有这样的想法很正常，天气不好的时候，我也会不想出门。”“的确，心情不好时，不想参加招聘面谈是很正常的，一是没有精力，二是怕影响发挥，所以我特别理解你。”先与对方共情，缓解对方的抗拒情绪，然后面试官可以顺势调整方案：“其实我们公司很看好你，你看能不能明天或者后天来公司面谈一下，咱们再好好聊聊。”这样既给了应聘者一定的自主选择权，又在二选一中让应聘者不得不作出选择。

（3）针对以偶然情况为由拒绝的应聘者要展示优势

针对以偶然情况为由拒绝的应聘者，面试官也要作出巧妙的应对。例如应聘者以“我打算面试其他的公司/我已经面试其他的公司了”作为理由“放鸽子”，面试官的应对策略是：做一个简短的电话面试，向应聘者介绍公司的优势和发展前景，让应聘者感觉该公司办事严谨、流程正规，增加应聘者的好感。

同时，面试官也可以表达对应聘者的认可和赞赏，强调如果应聘者愿意参加招聘面谈，公司可报销来回打车费用等。当然，面试官坚持做这些工作的前提是应聘者本人能力过硬，履历优秀，非常符合招聘岗位的要求，且求职意图强烈。如果应聘者能力一般且求职意图不强，面试官可选择放弃，寻找其他的应聘者。需要强调的是，一旦确定好应聘者，面试官要尽快安排招聘面谈，以免“夜长梦多”，有的应聘者“放鸽子”正是因为在此期间应聘上别的公司，而且越拖延，应聘者参加招聘面谈的意愿越弱。

（4）**针对以各种新奇理由拒绝的应聘者要见招拆招**

当应聘者以各种新奇理由“放鸽子”时，面试官也要见招拆招，激发应聘者的兴趣，进而打动应聘者，使其过来参加招聘面谈。

例如应聘者说：“我看皇历上说，今天不适宜出门找工作，我挺相信的，不敢去面试了。”

面试官可以这样应对：“你真的让我觉得很惊喜！我看你简历上的年纪并不大，想法却很新奇，我觉得你一定是个有趣的人。确实，皇历很玄妙。既然皇历上说‘今天不宜出门’，那你改天再来，你自己选一个良辰吉日，我很想认识你一下呢！”

需要注意的是，面试官在回复的时候，语气要令人愉悦，音调上扬，让对方感觉你是发自内心地说出这段话的。

总的来说，面对以各种新奇理由拒绝的应聘者，面试官一定要见招拆招，了解应聘者拒绝的真正理由，然后作出判断，切不可因为对方拒绝的理由过于“奇葩”就直接放弃，更不可当面“吐槽”对方，这是非常不礼貌的行为。

虽然被应聘者“放鸽子”是一件让面试官非常苦恼的事情，但是面试官也要积极地作出应对，以提高应聘者参加招聘面谈的积极性。同时，面试官也要根据应聘者给出的拒绝理由进行反思。除去一部分应聘者自身的原因外，被拒绝一定是因为公司方或多或少也存在一些问题。深入了解应聘者拒绝参加招聘面谈的真正理由，有助于面试官发现并解决这些问题。这样，才能从根本上降低被应聘者“放鸽子”的概率。

控制面谈时间的技巧

有效控制招聘面谈的时间是一门技术活。有的面试官由于不善于控制面谈时间，时常出现超时或快速结束的情况，既不能在规定的时间里完成一个完整的招聘面谈，又会影响和其他应聘者的面谈。

面试官李明面试了一位应聘者，两人都是来自同一个地方，毕业于同一所大学。于是李明跟应聘者聊起母校近年来的发展，聊得很酣畅，10分钟的时间很快就过去了。

在聊到应聘者的专业和工作经验时，因为应聘者觉得李明很亲切，于是一下子打开了话匣子，包括他当时的心情和想法，说得非常详细。李明好几次想要打断，但碍于老乡的情面，于是任凭应聘者发挥。很快，30分钟的时间过去了，李明发现此次面谈并没有什么进展，重要的问题都还没有问，而下一位应聘者还在等待中。

案例中，正是因为面试官李明不善于控制招聘面谈的时间，所以没有在有效时间里获得应聘者的重要信息，还耽误了下一位应聘者的面谈时间。问题出现的原因在于招聘面谈中李明受到应聘者的老乡身份的影响，任由应聘者控制面谈局面，谈论太多与主题无关的事情。

在招聘面谈中出现超时的情况，一般有4个方面的原因：

一是招聘面谈的目标不明确，导致面谈时的讨论内容严重偏离主题；

二是招聘面谈没有流程，随便提问，随便发言，一不小心就会出现超时的现象；

三是面试官和应聘者没有时间的概念；

四是应聘者表达庞杂或高谈阔论，陈述太多与主题无关的内容，而面试官又不懂得如何纠正。

这些都会增加招聘面谈的时间，影响招聘面谈的效率。

当然，如果面试官的节奏过快，同样也会影响招聘面谈的效果。节奏过快，快速结束面谈，有可能是因为面试官并没有完全地认识到应聘者是否符合岗位的用人标准。草率决策，同样也会造成失误。

所以，作为面谈的主导方，面试官要掌握一些控制面谈时间的技巧（见图 6－2），既要与应聘者充分交流，又要避免与应聘者过度交流而出现超时的现象，以便在有限的时间里解决重要的事情，提高招聘面谈的效率。

	提高招聘面谈的效率的技巧
1	严格遵守面谈的流程和预定时间
2	把控面谈的节奏和方向，适时地回到主题
3	针对即将超时现象，巧妙暗示面谈可到此结束

图 6－2　提高招聘面谈的效率的技巧

（1）**严格遵守面谈的流程和预定时间**

在第 1 章，我们介绍了如何通过 15 分钟面谈招到核心人才，并将 15 分钟的时间按照面谈的流程分为 5 个步骤，包括 1 分钟预备、2 分钟开场、8 分钟问答、3 分钟介绍和 1 分钟结束面谈。如果面试官有明确的面谈流程，并能够严格按照每个流程预定的时间展开面谈，就能有效地控制面谈时间。

这就要求面试官在进行招聘面谈之前，一定要提前确定此次面谈的流程，并对每一个环节需要花费的时间进行预估。同时，把面谈流程表打印出来放在身边以随时提醒自己。如果可以的话，按照既定流程制作一个 PPT 也是帮助面试官把控面谈的流程和时间的有效办法。

此外，为了能更有效地把控时间，面试官可在自己能看到的位置上放置钟表、沙漏或其他计时器，以便及时了解时间，对面谈的进度作出调整。

（2）**把控面谈的节奏和方向，适时地回到主题**

有的应聘者常常因为内心紧张、不善表达等，在回答面试官的问题时，不能精准地表达出面试官想要了解的信息，把过多的时间花在表达自己的心情和感受上，无形中也会拖延招聘面谈的进度。

针对这种情况，面试官要适时打断，换一种说法再次提问。例如面试官问："你在工作中觉得最困难的部分是什么？"应聘者兜兜转转，说了很多都没有说到重点："其实我在 × × 公司工作时，因为没有足够的经验，所以我时常觉得困难。虽然工作看上去都差不多，但是每天会有不同的状况。我……"很明显，应聘者回答的内容并不是面试官想要听到的。此时面试官可适时打断，温和地再度提问："你说的确实是事实。那你能具体说一下在工作中你做的最难的项目是什么，遇到了什么样的困难，你都是如何解决的吗？"

面试官除了可以通过换个提问方法来拉回面谈主题之外，也可以采用以下 3 个拉回主题的小技巧。

一是先简单地回答或总结应聘者之前的表达，再说到自己想要表达的主题上，邀请对方再次回答。

二是面试官接过应聘者表达中的某句话，顺势巧妙且自然地回到主题上。

三是用一句友好或幽默的话语截住应聘者的庞杂表述，自然地回到主题上。

值得一提的是，在问及重要的问题时，面试官可通过限定时间聚焦答案。例如"如果用 1 分钟的时间描述你的专业，你最想说什么？""如果只给你 2 分钟的时间，你能回答一下……"限定回答的时间可以有效降低应聘者赘述或跑题的可能性。

（3）**针对即将超时现象，巧妙暗示面谈可到此结束**

当面谈即将超时且面试官想要了解的问题都一一问清后，为了不耽误接下来其他应聘者的面谈时间，面试官要巧妙地暗示应聘者此次面谈可以到此结束。

具体来说，面试官可以先通过一些动作进行暗示。例如，将一直拿在手中的笔合上笔帽并放在桌上、摘下查阅应聘者履历表时戴上的眼镜、合上文件等，让应聘者意会到面试官已经完成了主要的面谈任务了。

面试官在做出一些暗示性动作后，可以问应聘者“你还有什么疑问吗?”“你还有什么想要问的吗?”“待会儿，你准备怎么回去呢?”等问题，进一步暗示应聘者“面谈可以到此结束”。即使应聘者此时仍然有疑惑，也只是对某些已经说过的问题再确定一下。这时，面试官可快速地、有针对性地作出解答，消除应聘者的疑虑，同时告知应聘者：“今天和你聊得很愉快，期待能够和你成为同事。”“谢谢你来参加这次招聘面谈，面谈的结果晚点会短信通知你。”

要想在规定的时间里执行一个完整的招聘面谈流程，面试官就要掌握控制招聘面谈时间的技巧。面试官既要严格遵守招聘面谈的流程和预定时间，又要把控招聘面谈的节奏和方向，不要轻易让应聘者掌控局面，使自己陷入被动。同时，在招聘面谈中要始终保持时间观念，围绕主题展开，以防出现超时的状况。

薪酬谈判的应对技巧

薪酬是招聘面谈中绕不开的话题。薪酬谈判，也是面试过程中的重要环节。不少应聘者即便面试成功，最终也可能因为薪酬没有满足自己的期待而选择放弃入职。

在了解到应聘者的期望薪资是 4500～5000 元后，面试官王庆明说道："我们给你的薪酬是一个月 3500 元，每个月另有提成。如果业绩好的话，你一个月可拿到 1500 元左右的提成，其实还是很可观的，你觉得呢？"

应聘者的脸色几不可见地变了变，如实表达："我觉得业绩好的标准太宽泛了，变动性也挺大的！"

王庆明解释道："你别这样想啊！其实你熟悉了岗位的工作之后，提成还是很容易拿的。"

应聘者点头，说道："我回去考虑一下，再给您答案。"

后来，应聘者拒绝了这次机会。王庆明觉得很遗憾，因为这位应聘者确实挺适合该招聘岗位的。

从案例来看，王庆明与应聘者在薪酬上出现了分歧。应聘者的期望薪资是 4500～5000 元，王庆明则给应聘者一个月 3500 元，并以提成作为吸引点。应聘者考虑提成的不可控性，所以最终拒绝了这次机会。具体分析之后，我们会发现面试官王庆明在这个过程中并没有充分发挥薪酬谈判的应对技巧。

虽然面试官在谈判时可对原薪酬结构进行拆分，分为固定工资、绩效、提成、奖金、补贴等。但是，固定工资应该是应聘者能够接受的底线。可王庆明给出的固定工资并没有满足应聘者的期待，另外，如果扣除五险一金，应聘者到手的实际工资就更少了。除此之外，王庆明只用“提成”这一项来弥补应聘者的心理落差，这对应聘者来说还是缺乏吸引力的。

在招聘面谈中，与应聘者进行薪酬谈判并不是一件容易的事，面试官必须要掌握一定的技巧。

（1）**了解同行业、同岗位的薪酬范围，了解本公司所能承受的薪酬成本**

一般来说，面试官了解应聘者的期望薪酬有两个途径：

一是查看简历上的期望薪资，但简历上的期望薪资可能与应聘者的实力不匹配；

二是直接提问：“你的期望薪资是多少呢？”当面试官直接问应聘者的期望薪酬是多少时，在某种程度上就给了应聘者开价的机会。除非应聘者说出的薪酬在面试官的预料之中，否则这一行为会对企业不利，也容易给应聘者造成负面影响，破坏谈判的关系。

所以面试官在进行薪酬谈判之前，先要弄清楚招聘岗位的薪酬范围。需要注意的是，同行业同岗位的薪酬范围会受到所处区域、所处行业、所处企业的影响，同时也因为不同城市的发展水平、物价水平的不同而发生变化。所以，面试官在做岗位薪酬的市场调查时，要多查阅一些权威的行业薪酬标准，同时还要了解在不同的地级市，该招聘岗位的薪酬是什么标准。此外，面试官也可在招聘网站上看看同一城市的其他企业给出的这一岗位的薪酬范围是多少。综合比较之后，面试官基本就可以得出一个相对合理的市场认可的薪酬范围。

在得出市场认可的薪酬范围之后，面试官还要了解本公司所能承受的薪酬成本，以划定市场认可且本公司能够承受的薪酬范围。尤其是初创企业或小微企业，风险抵抗力较弱，如果面试官盲目跟风，开出本公司无法承受的薪酬，将会极大地提高企业的用人成本，甚至有可能会威胁到企业的生存和发展。所以，面试官一定要了解本公司对薪酬成本的承受能力，划定可承受的薪酬红线。在薪酬谈判中，既不能胡乱地压低薪酬，也不能随便接受应聘者的报价，要根据市场和企业的事实情况进行谈判。

了解薪酬范围是薪酬谈判的基础工作之一。如果面试官没有做好相关准备就直接与应聘者进行薪酬谈判，不仅缺乏底气和依据，还很容易让应聘者拿出实证反驳，场面会比较尴尬，也会破坏进一步谈判的友好氛围。

（2）**擅用心理战术，掌握主动权**

在薪酬谈判阶段，不少面试官喜欢快“刀斩乱麻”，希望能够快速地敲定薪酬。其实恰恰相反，面试官在薪酬谈判阶段不能操之过急，而是要充分利用面谈时间解决问题。以下是几个薪酬谈判的技巧（见图6－3）。

	薪酬谈判的技巧
1	了解应聘者以往的工资标准，锁定他/她的期望薪酬
2	从应聘者最低的薪酬期望值开始逐步涨价
3	分析应聘者的优势和劣势，降低其对薪酬的期望值
4	强化薪酬之外的公司优势，吸引应聘者

图6－3 薪酬谈判的技巧

一是了解个人资料以往的工资标准，锁定他/她的期望薪酬。

一般来说，比以往的工资标准稍高一点是应聘者对新工作薪酬的期望值。毕竟“人往高处走”，任何人在换工作的时候都希望“涨工资”。但同时，以往的工资标准又在一定程度上反映了应聘者的价值，所以他们也不会过多地涨价。所以，面试官只要了解应聘者以往的工资标准，基本就能锁定他/她的期望薪酬。

首先，面试官可通过应聘者填写的个人资料登记表、简历等资料，了解应聘者以往的工资标准。例如根据应聘者过去的工资多在 3000 ～ 4000 元区间，可初步了解应聘者对薪酬的期待会在 4000 元上下。

当然，很多应聘者会隐藏自己过往工作中的工资标准。面对这种情况，面试官可通过应聘者以往工作经历中所担任的职务和工作内容来判断应聘者以往的工资标准，同时锁定应聘者期望的薪酬范围。

一旦了解应聘者期望的薪酬范围，面试官在与应聘者谈判时，就能掌握较多的主动权。

二是从应聘者最低的薪酬期望值开始逐步涨价。

在薪酬谈判中，面试官要根据应聘者对薪酬的期望值，最少准备两套方案。例如应聘者期望的薪酬是 3500 ～ 4000 元，此时面试官可用最低报价即 3500 元来观察应聘者的反应。如果应聘者愿意接受最低报价，谈判不费吹灰之力就结束了。

如果应聘者表示勉强，面试官可适当涨价，如 3600 元、3800 元，因为这个价位也在应聘者的期待之中，所以被接受的可能性较大。

如果涨价之后，应聘者表示要再考虑，面试官可以退为进，让应聘者好好回去考虑一下，同时面试官再告知还要面试其他的应聘者，给予应聘者一定的心理压力。

一般来说，面试官不要轻易给出最高报价。但是，如果面前的应聘者能力优秀，面试官又十分想要留住该应聘者，可主动向其提出最高报价以表示诚意。

三是分析应聘者的优势和劣势，降低其对薪酬的期望值。

当应聘者期望的薪酬比招聘岗位的薪酬范围高出很多时，面试官该怎么办？这种情况在现实中非常常见。很多面试官都会选择直接放弃，实际上，这是很不明智的一种做法。

薪酬谈判的核心在于“讨价还价”，应聘者有他/她的期望，同时也有他/她的价值。所以，面试官可以通过分析应聘者的优势和劣势，让应聘者对自己和岗位的匹配度有一个清醒的认识，从而降低其对薪酬的期望值。

此外，面试官也可以出一些难题考验对方，测验对方的真实水平，同时也在一定程度上让应聘者认清事实，即高薪酬需要高技能。

这个时候，面试官会掌握主动权，尤其是当应聘者出现工作断层时会求职心切，往往会接受面试官提出的薪酬。

当然，这并不意味着面试官能故意刁难应聘者以打压应聘者对高薪酬的期待，而是要客观、真实地分析形势，帮助应聘者认清事实。否则，即便应聘者表面上答应了面试官给出的薪酬，最终可能也会放弃入职。

四是强化薪酬之外的公司优势，吸引应聘者。

虽然薪酬是应聘者考虑是否入职该公司最核心的因素，但并不是应聘者唯一考虑的因素，良好的企业文化、双休、优美的办公环境、不加班等因素往往也在应聘者的考虑范围中。尤其是随着新生代员工进入职场，他们对这些“软条件”往往会更看重。在薪酬差距不大的情况下，具备双休、办公环境较好、不加班等优势的企业往往更具有吸引力。所以，当面试官和应聘者对薪酬一时难以达成一致意见，或面试官无法提供给应聘者期待中的薪酬时，面试官就不要只局限于在薪酬方面说服对方，还可以通过其他“软条件”吸引应聘者。

如果应聘者已经明确表示非常在乎某个方面，比如“我特别不喜欢加班”“我很喜欢你们公司官网上介绍的企业文化”等，面试官可以有针对性地强调优势，力求打动应聘者。

如果应聘者并没有明确的表示，面试官则可以强调公司相对其他公司来说比较明显的优势，如弹性的工作时间、未来发展空间等；也可以强调应聘者本来没有想到的优势，如额外补贴、晋升机会、良好的发展平台等。

值得强调的是，薪酬关乎应聘者最直接的利益，所以往往也是最难谈判和最关键的点。但如果面试官能够带着一颗真诚的心去交流，有礼有节地陈述事实，在心理战中占据主动地位，并围绕应聘者的需求，给予应聘者切实的承诺，成功率也会更高。

随着 OTC（场外交易）、新三板、科创板、创业板等股票市场的发展，越来越多的经营管理人才、科技人才开始关注股权激励，而非传统的工资、奖金、补贴、福利等。对于这些人，在面试时一定要通过面谈了解他们的潜在需求，如果公司在未来并没有上市或股权激励的计划，那么即使通过薪酬谈判录用了他们，当他们发现企业并没有上市计划或股权激励后，也会选择离职。倪津就是这样一位优秀的职业经理人，他致力于打造区域性的人力资源服务机构，并希望通过运作企业在创业板上市实现自己的股权增值。当他服务的企业创业板上市失败后，他毅然决然地辞职并委托猎头寻找其他区域性的人力资源服务机构。杨洁作为本地人力资源服务机构的面试官，在面谈过程中敏锐地发现倪津对薪酬待遇并没有提出任何要求，在自己上任后的工作规划里很明确地提到了运作公司上市的计划。当主面试官告知倪津在当地还有一家人力资源服务机构级别高、规模大、整合能力强时，倪津竟然开始向面试官们发问以了解关于那家机构的更多信息。结合倪津的离职理由，杨洁很明确地判断出倪津是一个对传统薪酬激励不感兴趣的应聘者，他关注的是将企业运作上市并获取股权激励的收益。考虑自己的公司短时间内没有上市计划，目前公司也不适合开展股权激励，杨洁知道倪津是不会到自己的公司来任职业经理人的。

识别虚假信息的技巧

不可否认的是，有的应聘者会将简历上的一些重要信息进行模糊化处理或故意误导面试官，甚至有的应聘者会制造虚假简历，并对简历进行各种不实的包装。除了简历造假之外，应聘者也会在招聘面谈的过程中展现一些虚假信息，影响面试官的判断。

一般来说，应聘者展现虚假信息，目的是博得面试官的好感，提高面试的成功率。

面试官陶芳芳看到应聘者简历上的学历背景，本科毕业于一所 211 大学。同时，面前的应聘者看起来态度很诚恳，陶芳芳更是深信不疑，于是录用了该应聘者。后来一次偶然的机会，陶芳芳才发现原来该应聘者的第一学历是大专。

案例中，虽然 211 大学也是应聘者的学历之一，但它应该作为第二学历呈现出来。而作为面试官的陶芳芳并没有识别出应聘者在学历上的虚假信息。这是陶芳芳作为面试官的失职之处。

从某种程度上说，不少应聘者都会做出美化自己简历的行为，但是美化过度，就成为造假了，不仅显示出应聘者本人不诚信，还会给面试官筛选人才带来阻碍。

一般来说，应聘者提供虚假信息主要表现为三点（见图 6－4）。

	应聘者提供虚假信息的主要表现
1	应聘者简历中的核心部分被加工、处理
2	当被要求回答有关过去具体行为的问题时，应聘者会捏造经历或夸大工作成绩
3	隐藏负面的真实信息

图 6－4　应聘者的虚假信息的主要表现

一是应聘者简历中的核心部分被加工、处理。例如应聘者第一学历是大专，第二学历是 211 高校的自考本科，但应聘者在简历上不写第一学历，只写第二学历，让面试官误以为第一学历是 211 高校的自考本科；还有的应聘者自称是硕士学历，其实他/她并未获得硕士研究生毕业证。

二是当被要求回答有关过去具体行为的问题时，应聘者会捏造经历或夸大工作成绩。例如应聘者曾参加一个大型活动，称自己获得了市长的高度表扬。其实，出于礼貌和客套，市长对所有的活动参与者都表达了感谢。

三是隐藏负面的真实信息。例如应聘者从上一家公司离职有多种原因，例如工作倦怠、动力不足、与老板/同事产生矛盾、对薪资待遇不满、缺乏发展空间等，但在面谈中，应聘者可能只会以一个“缺乏发展空间”作为自己离职的原因，而隐藏对自己不利的真实原因。

总的来说，应聘者之所以会提供虚假信息，关键在于他们认为提供真实信息会降低面试官对其作出正面评判的可能性，进而直接影响面试结果。因此，面试官要想招聘一个具备真才实学的应聘者，就要练就“火眼金睛”，识别虚假信息。

（1）对应聘者表达的模糊字眼要刨根问底

应聘者在陈述虚假信息时，常常使用一些大而化之的模糊词汇，例如“我们”“大家”“大概”“大体上”“基本上”等。因为说谎的人很难表达出细节，希望通过模糊化的词汇保护自己。此时面试官就要刨根问底：“你刚才说‘大家在做××项目’，你在其中具体扮演了什么样的角色？你负责了哪部分工作呢？”“你每天都要做哪些工作呢？具体来说呢？”

在刨根问底时，面试官可以采取 STAR 提问法（见图 6－5）。

先问情景（situation）：“以前是在什么情况下做这件事的？”

再问目标（target）：“能不能告诉我你做这件事的目的是什么？”

接下来问行动（action）：“你为了做这件事情采取了哪些行动？”

最后询问结果（result）：“这件事情取得了一个什么样的结果？”

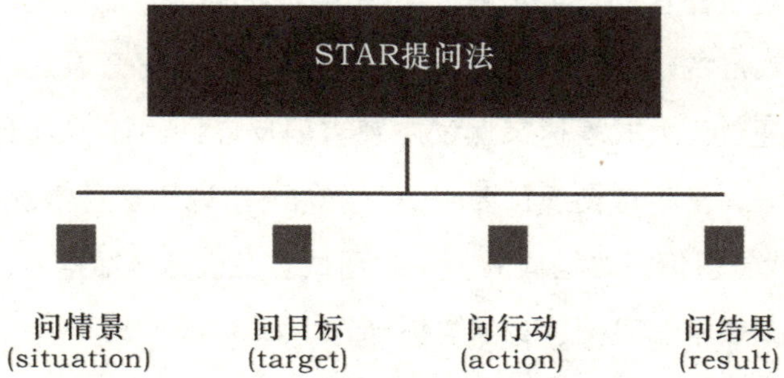

图 6－5　STAR 提问法

（2）**一个问题两种问法，探听虚实**

当一个人在讲述发生在自己身上的真实情况时，不论对方问多少遍，得到的答案都是一致的；而当一个人在说谎时，即便是同一个问题，换了一种问法，也会得出不同的答案。因为人在说谎时，会出现多次说谎信息不一致的情况。换句话说，一个人很难记住他每次说谎的内容。尤其是在招聘面谈的场合，应聘者在陈述虚假信息时，会因为心虚而忘记自己之前的说辞。

所以，面试官可以采用一个问题两种问法的方式，来验证应聘者所说是否属实。例如“你的上一任领导如何评价你？”换种问法：“关于上一份工作，如果采取 10 分制，你给自己打几分？”对方回答后，面试官接着问：“如果我们致电你的领导，你觉得他/她会如何评分？为什么呢？”此时应聘者内心慌乱，会倾向于说出真实信息。

此外，面试官一开始问应聘者：“你为什么会离开上一家公司？”在应聘者给出答案后，面试官可以问其他方面的信息。当应聘者完全放松警惕后，面试官换种问法再次提及类似问题：“上一份工作最让你忍受不了的是什么，具体有哪些呢?”

反复问同一个问题，表达虚假信息的应聘者会出现对同一问题的回答前后不一致的情况，两者存在矛盾。

（3）**当面施压，质疑应聘者的说辞**

有的应聘者在表达虚假信息或解释虚假信息时会出现难以自圆其说、一句话反复说等现象。这个时候，面试官就要心生警惕。

例如应聘者说到自己曾经担任一个重要项目的主要负责人，可翻来覆去都在表达一些浅层的信息，并未深入描述他当时是如何开展这个项目的。此时面试官可以通过压力式表达来测试应聘者的反应，例如“我觉得你说得不准确，一般来说，从事这类项目要……”“你刚才说的这种情况不符合常理，因为……”“我觉得你说的是假的……”面试官在说这些话语时，要观察应聘者的反应，如微表情、眼神、身体姿势等。

即便应聘者口头伪装或在书面上伪装，制造虚假信息，但肢体动作却会泄露应聘者的真实信息。一般来说，当一个人出现脸部皮肤发红或脸色苍白惨淡、眼神慌乱闪躲、揉眼、触摸嘴巴、触摸脖子、摩擦鼻子、口干舌燥等，说明应聘者此时在说谎。

需要注意的是，并不是当应聘者出现以上动作时，都说明应聘者在说谎。面试官要采取“具体情况具体分析”的方法，结合问题判断应聘者是否在陈述虚假信息或掩盖真实信息。

值得一提的是，为了能够得到更多真实的信息，规避掉虚假信息，面试官可采取“借力打力”的提问方式。例如应聘者说：“我最大的缺点就是凡事太过认真。”此时面试官可提问说：“既然你说你太过认真，那你敢保证你的简历里没有一个错别字，甚至是标点错误吗?”采用这种方式也能识别应聘者先前所说的是否是虚假信息，进而得到一个更真实、全面的信息。

评价应聘者的技巧

面谈评价是对应聘者在招聘面谈期间的综合表现，进行一个全方位、客观的、真实的评价。它是招聘面谈的一个重要环节，但并不是每个面试官都能将这个工作做到位。

面试官宋倩面试完全部的应聘者后，就把面谈评价表交给了用人部门。用人部门在收到评价表后，十分茫然。因为宋倩的面谈评价尽是“表现良好，建议录用”“表现一般，慎重录用”“表现差，建议淘汰”等，用人部门觉得这些评价并不能帮助他们选出适合岗位的应聘者。

从案例来看，宋倩的面试评价不具有参考性，并不能帮助用人部门作出准确的决定。从某种程度上说，这种类似“表现良好，建议录用”“表现一般，慎重录用”“表现差，建议淘汰”的泛泛评价是没有多少价值的，因为用人部门需要更详细的有关应聘者的各方面的信息，包括仪容仪表、表达能力、情绪管控能力等，进而作出综合的、客观的评价。在招聘面谈结束时，写好面谈评价，一方面能体现出面试官对招聘工作比较负责；另一方面，完善的面谈评价也是公司作出是否录用决定的重要依据。

所以，面试官要明白自己在企业招聘中所处的重要环节，并肩负起重要的责任，做好面试评价的工作。当然，如何评价应聘者也是一个技术活，面试官需要掌握相关的评价应聘者的技巧。

（1）**避免中心化现象，评价要有针对性**

中心化现象是指面试官对所有的应聘者的评价都差不多，评分拉不开差距，即便是表现一般的应聘者也得到了与表现优秀的应聘者差不多的评价。这种评价是没有意义的，也不能给用人部门提供具体的建议或意见。

所以，面试官在评价应聘者时，要根据每位应聘者的具体表现作出客观的、真实的、具体的评价。具体有以下两点要求。

一是评价要能够突出应聘者个人的优缺点。例如应聘者 A 形象气质佳，但逻辑能力不强；应聘者 B 语言表达能力强，但情绪控制能力不佳；应聘者 C 工作经历很丰富，但是对公司的忠诚度不够等。所以，面试官在正式评价时，要多列举一些应聘者身上的优缺点。

二是结合招聘岗位，作出有针对性的评价。面试官在评价应聘者时，要记得结合招聘岗位的特点，有针对性地评价应聘者。例如对于公司前台岗位应聘者，可以写“个人形象气质佳、亲和力强”等评价词语；对于业务员岗位应聘者，可以写“表达能力强、行动力强”等评价词语。

（2）**对应聘者作出整体、立体的评价**

虽然可以从应聘者的简历得到一些信息，但是面试官的面谈价值在于通过面谈能更深刻地看到应聘者简历上或笔试中不能反映出来的信息，进而让没有参加面试的其他相关人员通过面试官的评价就能够基本了解应聘者的情况。

所以，面试官在评价应聘者时，不能只是单单评价或着重评价某一方面，而是要对应聘者进行全方位的评价，包括应聘者的仪容仪表、言谈举止、岗位匹配度、稳定性、专业技能测试和综合评价等部分。

例如，下面从多个方面评价销售主管岗位的应聘者。

一是仪容仪表。仪表堂堂、着装成熟稳重，形象符合岗位要求。

二是言谈举止。表达能力强，逻辑思维能力强，善于沟通，性格沉稳。

三是岗位匹配度。非专业毕业（财务管理专业），拥有本岗位 3 年工作经验，有一定的管理能力。

四是稳定度。本行业 5 年的工作经验，跳槽次数 2 次，比较稳定。

五是求职意愿。求职意愿坚定，愿意接受公司的管理，认同公司的企业文化。

六是专业技能测试。执行力强，熟练掌握 PPT 课件制作。

总分：得分 8.5 分（满分 10 分）。

综合评价：该应聘者仪表端正，语言表达能力强，善于沟通，情绪控制能力比较强；有 3 年工作经验，专业技能测试情况良好，岗位匹配度较高。另外，该应聘者的薪酬要求在该岗位的薪资标准范围内，可以录用，建议试用期为 3 个月，请用人部门做好相关安排。

（3）**要有明确的结论**

面试官在评价应聘者时，要有明确的结论，即自己对应聘者的态度，并将自己的结论写清楚，以便为复试或录用提供参考依据。一般来说，评价结论有四个：建议录用、安排再次面谈（面谈时间）、储备、不予录用。面试官在结论中要清楚地表明是否录用该应聘者，避免模棱两可，让用人部门负责人茫然。

最后，为了让面试官在评价时更有目的和方向，我们提供一份面谈评价表供面试官参考（见表 6－1）。

表 6－1　面谈评价表

评价人姓名　　　　　　**职务**　　　　　　**面谈时间**

应聘者姓名		**性别**		**年龄**	**编号**	
应聘岗位						
评价方向	**评价要素**	**评价等级**				
		1（差）	2（较差）	3（一般）	4（较好）	5（好）
个人基本素质评价	1. 仪容仪表					
	2. 语言表达能力					
	3. 亲和度和感染力					
	4. 诚实度					
	5. 人格成熟度					

（续表）

个人基本素质评价	6. 逻辑思维能力					
	7. 应变能力					
	8. 自我认知能力					
相关的工作经验和岗位知识	9. 专业知识					
	10. 工作经历					
	11. 学习能力					
	12. 创造力					
	13. 所具备的专业知识、工作技能和招聘岗位要求的吻合度					
录用适合性评价	14. 个人工作理念					
	15. 对公司的忠诚度					
	16. 个人特征与企业文化的相融性					
	17. 稳定性					
	18. 职位胜任能力					
	19. 个人薪酬期望与岗位薪酬待遇的匹配度					
	20. 个人发展潜力					
总分（100分）						

（续表）

<table>
<tr><td colspan="2">人才优势评价</td><td colspan="2">人才劣势评价</td></tr>
<tr><td colspan="2"></td><td colspan="2"></td></tr>
<tr><td colspan="4">评价结果</td></tr>
<tr><td>建议录用</td><td>安排再次面谈</td><td>储备</td><td>不予录用</td></tr>
<tr><td></td><td></td><td></td><td></td></tr>
</table>

需要强调的是，虽然每个公司的面谈评价表都差不多，但是考虑每个岗位的胜任条件是不一样的，所以评价标准和评价要素也不尽相同。面试官要根据招聘岗位的特点，相应地调整评价要素和评价标准。例如招聘销售岗位人员，面试官要更侧重考查应聘者的沟通能力、应变能力等；招聘技术岗位人员，面试官要更侧重考查应聘者的操作能力等。所以，面试官要与用人部门进行沟通，共同制订出更能反映岗位需求和特征的面谈评价表，真正发挥出面谈评价表的价值。

应聘者婉拒的应对技巧

在招聘面谈中，面试官会遇到应聘者婉拒的情况。具体表现为应聘者勉强地说“好的，我回去再考虑一下”“我会回去好好思考一下”“我可能还要再想一想”“我可能还要跟家里人商量一下”“其实我在乎的是公司的晋升空间，我目前对这一方面还有疑虑”……虽然表面上看事情有回转的余地，但这不过是应聘者婉拒的说辞。

在面谈中，张玮觉得应聘者的条件与招聘岗位很符合，表现也很优秀。为了表示自己的诚意，张玮直接对应聘者说道：“我觉得你的能力很棒，你愿意加入我们的公司吗？”

应聘者思考了 3 秒钟后回道：“十分感谢，不过我得回去跟家里人商量一下。”

张玮面试经验不多，并没有听出来这是应聘者在婉拒，反倒觉得应聘者想跟家人商量一下的想法也很正常，于是结束面谈。等当天晚上，张玮再次向应聘者确认的时候，却被告知：“不好意思，我的家人还是希望我能考事业单位，我不能过去入职了！”

案例中，应聘者以“回去跟家里人商量一下”为由婉拒张玮，但张玮因为面试经验不多，没有识别出这是应聘者在婉拒，因此张玮也没有做出什么努力来挽回应聘者。

其实，面试是一个双方选择的过程。除了面试官会婉拒应聘者外，也常出现应聘者婉拒面试官的情况。一般来说，应聘者婉拒面试官的原因（见图6-6）大致有以下几类。

	应聘者婉拒的原因
1	薪酬没有满足期待
2	试探行情或增加面试经验
3	不喜欢公司的企业文化、办公氛围或面试官的表现等
4	职位、晋升空间、发展平台等问题
5	遇到了更好的选择

图6-6　应聘者婉拒的原因

一是在面谈过程中，面试官给出的薪酬待遇没有满足应聘者的期待，而薪资又是应聘者非常看重的部分。

二是应聘者只是想试探行情或增加自己的面试经验。有的应聘者面试的真实目的是为接下来面试自己真正心仪的公司做一些准备而已。针对这类应聘者，面试官既觉得无奈，又没有办法挽留。

三是应聘者不喜欢面试公司的企业文化、办公氛围或面试官的表现，进而不想入职该公司。

四是应聘者考虑职位、晋升空间、发展平台等问题。

五是应聘者遇到了更好的选择。通常，应聘者在求职时会向多家公司投递简历，所以当应聘者被心仪的公司录用后，就会婉拒其他的公司，因为这些公司不是应聘者的最佳选择。

无论是以上哪一种，被应聘者婉拒都是一件让面试官觉得郁闷的事情。尤其是当应聘者的能力和素质十分适合该岗位，且面试官对应聘者的面试印象良好时，应聘者的婉拒会让面试官感觉十分可惜。

因此，在面对应聘者婉拒时，面试官要巧妙应对，以增加留下婉拒的应聘者的可能性。

（1）**从应聘者的语言和肢体语言，分辨婉拒理由的真假**

一般来说，应聘者在婉拒时都会给出一个理由，此时面试官要通过追问的方式，分辨婉拒理由的真假，了解应聘者真实的想法和需求。

例如，应聘者说："我还要跟家里人商量一下"，此时面试官不要错过机会，应立即追问："确实，家人的意见挺重要的。冒昧问一下，您要跟家里人商量什么呢？"一般情况下，如果应聘者的婉拒理由是真的，在回答的时候，应聘者的表现会比较淡定，答案也有理有据，如"家里人一直希望我能考个事业单位，稳定，待遇也挺好的。但是，我觉得这份工作也挺不错的，所以就想跟家里人商量一下，最好能说服他们。"

如果应聘者的婉拒理由是假的，此时应聘者眼神会有一些慌乱，同时回答也会支支吾吾，语言也不是很流畅，如"就是……就是我想听一听家里人的看法。呃……他们也知道我今天来面试。"

所以，面试官要从应聘者的眼神、神情和表达时的声调、字数、连贯性的角度，去分辨应聘者婉拒理由的真假，了解其真实的想法。

（2）**问出顾虑，并努力消除应聘者的顾虑**

不可否认的是，很多应聘者在婉拒时，通常都只会留下一句"我要回去考虑一下"，这句话背后有很多潜台词，例如"我不满公司开出的薪酬""我觉得这工作压力大，每天任务都很重""我感觉这公司的办公氛围也太压抑了吧，大家怎么都不说话""我听出来了，这个岗位好像要经常加班/出差，我很不喜欢"等。这些可能都是应聘者婉拒面试官的真实原因。

所以，当应聘者说"我要回去考虑一下"时，面试官要适时追问："其实，我们对你挺满意的。你能跟我说一下你要考虑什么吗？"如果面试官态度真诚，大部分的应聘者会说出自己的真实想法，如"刚才我听出来这份工作好像要加班，老实说，我希望在工作时间全身心投入工作，下班后能就拥有个人空间。"

问出应聘者的真实答案后，面试官要作出如下应对。

一是换位思考，与对方共情。例如“其实我特别理解这种想法，加班确实很影响一个人的工作情绪，所以我也不喜欢加班。”

二是向对方解释，消除误会。例如“我们所说的加班是指，如果你当天因为个人原因没有完成工作，而你所处的环节又对别的岗位有影响，你可能要适当地加班完成工作以免影响其他同事的工作进度。另外，我们的工作任务也是在合理范围内的，这点你可以放心。”面试官要让应聘者明白加班所指的范围，进而消除误会。

（3）**针对犹豫不决者，使用激将法**

有的应聘者虽然婉拒，但是婉拒的念头并不是十分强烈。对于这种犹豫不决的应聘者，面试官可以使用激将法。

例如应聘者说：“我还是先回去好好想一想吧，明天给您回复。”此时面试官可用激将法：“其实这个岗位有很多人过来应聘，这个岗位的待遇也很好，就是可能偶尔需要出差。这样吧，你回去好好考虑一下吧！”以退为进，向应聘者暗示要抓住机会。

值得强调的是，对于加入公司的意愿不是很强的应聘者，面试官也不要过分执着。与其花时间去留下“身在曹营心在汉”的应聘者，还不如花更多的时间去寻找一位志同道合的应聘者。

委婉拒绝应聘者的技巧

拒绝应聘者是每一个面试官都曾有过的行为。虽然从面试官的角度看，拒绝不合适的应聘者是一件再正常不过的事情了，但是从应聘者的角度看，被拒绝则会让人感觉内心沮丧、受挫。尤其是有些面试官不注意方法，习惯当面拒绝应聘者，更会加重应聘者的内心负担。

何铭这天面试了一位应聘者，应聘者在面谈中的表现很一般，何铭并不打算录用他。可是应聘者似乎很着急知道面谈的结果。

于是何铭很直接地说：“其实你不太适合我们公司，你还是看看别家吧！”

听到何铭这句话，应聘者的脸色瞬间苍白，表情也很失落，觉得面试官说话不留一点情面，让自己很难堪。

案例中，何铭的拒绝过于直白，且不留情面，所以应聘者感觉很有挫败感，也觉得难堪。

其实，面试官在遇到不合适的应聘者时，即便不想录用，也不要过于直白地拒绝。因为这不仅会伤害到应聘者的自尊心和自信心，还会显露出面试官的不友好，有损招聘企业的形象。

所以，面试官在拒绝应聘者时，要避免直白、不留情面的方式，应该采取委婉、礼貌、友好的方式。这样既能抚慰应聘者的内心，又能展现面试官和招聘企业的人文关怀。具体来说，面试官要做好以下几点。

(1)当面委婉拒绝应聘者

在面谈结尾阶段，如果应聘者的种种表现并没有满足自己的期待，面试官也不要当面告知应聘者落选的结果，可委婉地拒绝："李薇薇女士，谢谢您来参加我们的招聘面谈。我们接下来还要和其他的应聘者面谈，等全部面谈完毕，我们会综合考虑。面谈的结果会在今天傍晚 6 点左右公布。""张宏，您好，今天的面谈只是一个初试，稍后我会把您的情况递交给用人部门的经理。请您先回去等消息。谢谢您今天能过来参加我们的招聘面谈。路上注意安全。"……

需要强调的是，上面的例句中使用了"接下来还要面试其他的应聘者""等我们面试完所有的应聘者"的表达，这些表达比起"感谢您今天过来面试，请您回去等通知"显得更委婉。因为在经过多次面试后，有的应聘者往往能从面试官口中的"回去等通知"得到落选的暗示，进而内心失落。但是，像"等我们面试完所有的应聘者"这样的表达让回去等通知变得更合理，能在一定程度上避免应聘者过度失落。

(2)通过短信或邮件委婉拒绝应聘者

虽然不少面试官口头上会让应聘者回去等通知，但并不是每一位面试官都会做出正式的告知行为。因为有的面试官认为"不做任何行为"本身已经是一种答案了。其实这是一个错误的行为，只会让应聘者觉得这家公司不负责任，办事不规范，进而对该企业产生负面印象。

所以，即使面谈中应聘者的表现不尽如人意，企业最后决定不予录取，面试官也要通过短信或邮件的方式尽快告知应聘者结果。告知内容时态度要友好、用语要礼貌，并适度表达对应聘者的肯定，接着提出面谈的最终决议，最后表达对应聘者的美好祝愿。

例如面试官通过短信委婉拒绝某位应聘者："张程程女士，您好，非常感谢您参加我们此次的招聘面谈。在这次面谈中，我们对您印象很好。不过由于您的专业和工作经历与招聘岗位不是很匹配，所以综合考虑，我们选择不予录用。再次感谢您在此次面谈中的真诚表现，祝愿您早日找到心仪的工作，生活顺遂！”“张伟先生，您好，非常感谢您参加我们公司的招聘面谈。您各方面的表现都很不错，只是我们这个岗位的招聘名额很有限，很遗憾不能和您成为同事，希望以后有合作的机会，再次感谢您前来参加面谈。祝您生活愉快！”

如果用邮件通知，范例如下。邮件主题：××公司面试结果通知。

范例一：

××先生/女士：

非常感谢您对我们公司的关注和支持。您在招聘面谈中的良好表现给我们留下了深刻的印象。但是，面试小组认为您目前暂时不适合我公司职位。不过，公司会保留您的求职材料以备将来所需，如有合适职位会及时向您推荐。再次感谢您的关注和支持。祝您未来求职及工作顺利。

××公司人力资源部

2020 年×月×日

范例二：

××先生/女士：

您好！很感谢您对我们公司的关注。您在这次面试中给我们留下了很好的印象，尤其是您的……，让我们觉得很惊喜。不过，还是很遗憾地通知您，因以下原因，本公司暂时不能录用您。

1. ××××××。

2. ××××××。

3. ××××××。

您的应聘资料我们将保留 6 个月，如有合适岗位，将马上与您取得联系。

再次感谢您对本公司的关注！祝您生活愉快！

××公司

2020 年×月×日

在拒绝短信或邮件里，表达对应聘者的认可十分重要。因为拒绝本身会在一定程度上对应聘者造成伤害，会挫伤应聘者的自信心，面试官的认可则会给应聘者的失落心理带来一些安慰。

一般来说，面试官可在招聘面谈的当天傍晚或第二天告知结果，以免让应聘者产生不必要的焦虑等待，也可以让应聘者做好其他公司的面试准备。

总之，不轻易否定应聘者，不当面拒绝应聘者，也是面试官的基本素质之一。委婉地拒绝应聘者，不仅能降低应聘者内心的挫败感，还能展现面试官的温暖形象，进而展现招聘企业的人文关怀。

第7章

录用之后的5个面谈实践

本章重点介绍员工录用之后的5个面谈实践，即入职面谈实践、试用期面谈实践、员工转正面谈实践、员工绩效面谈实践和员工离职面谈实践。

入职面谈实践

新员工第一天入职公司时，企业的人事部和用人部门就要做好入职面谈。这个环节很重要。因为新员工第一天入职，内心忐忑且无所适从，若企业相关负责人主动与新员工进行入职面谈，一方面能够缓解新员工内心的不安，另一方面也方便对新员工接下来的工作进行安排。

入职面谈做到位不仅可以及时处理新员工在适应公司文化、环境，与同事相处时碰到的问题以及工作上遇到的困难，还能有效地提高新员工留下来的概率。所以，管理者要认真做好入职面谈，帮助新员工更好地适应企业。

一般来说，入职面谈可以分成三个阶段进行：入职第一天，入职一周后，入职一个月后。随着新员工工作时间的增长，面谈内容也会有变化。具体的面谈内容可参考表 7 – 1。

在进行入职面谈之后，管理者还要制订跟踪计划，有计划地跟进新员工有关工作事项，并在后续面谈中与新员工进行进一步的沟通，以了解其工作进展和相关反馈。

表 7 – 1　新员工入职面谈表

面谈人：	部门：	职务：
被面谈人：	部门：	岗位：
入职时间：		面谈时间：

第一次面谈（入职第一天）	面谈人：	面谈时间：
面谈内容	**面谈情况和结果**	**备注**
1. 你觉得公司的环境怎么样？	□非常好　□挺好的 □一般　□差	
2. 你觉得公司的氛围怎么样？	□非常活跃　□活跃 □一般　□沉闷	
3. 你是否了解所在部门的组织架构和组织功能？	□非常了解　□了解 □不太清楚　□不了解	
4. 你是否已经明确工作职责和岗位要求？	□知道 □大致了解，但不是非常清楚 □不知道	
5. 你在工作中遇到困难，是否知道向谁求助？	□知道 □不知道	
6. 你是否已经接受了部门的岗位培训，并保证可以很好地完成任务？	□已经接受 □尚未接受	
7. 你希望公司给你哪些帮助？(工作或生活上都可以)		
8. 其他。		
面谈人意见： **签名：**		

（续表）

第二次面谈（入职一周后）　　面谈人：　　面谈时间：		
面谈内容	面谈情况和结果	备注
1. 入职后你对公司的整体印象与入职前是否有反差？	□非常大　□比较大 □一般　□没有	
2. 你对目前的工作感觉怎么样？	□很适应　□一般 □不适应　□非常不适应	
3. 你清楚你的工作职责吗？	□非常清楚　□清楚 □一般，不算很清楚　□不清楚	
4. 你清楚公司的规章制度、福利制度吗？	□非常清楚　□清楚 □一般清楚　□不太清楚	
5. 你对公司和部门工作的印象如何？	□很忙　□正常 □有任务就忙　□比较清闲 □空闲	
6. 你对公司和部门人际关系的印象如何？	□非常融洽　□融洽 □一般，不太融洽　□钩心斗角	
7. 工作后，你觉得快乐吗？	□非常快乐　□快乐 □一般　□不快乐	
8. 你与部门同事沟通是否顺畅？	□非常顺畅　□顺畅 □一般　□不顺畅	
9. 你的上级给予的支持和协助足够吗？	□非常足够　□足够 □一般　□不足够	
10. 你在目前的工作中遇到的其他问题和建议。		
11. 其他。		

（续表）

面谈人意见： **签名：**		
第三次面谈（入职一个月后）	**面谈人：**	**面谈时间：**
面谈内容	**面谈情况和结果**	**备注**
1. 请对你的技能作一个评价。		
2. 你能够独立从事岗位工作吗？		
3. 你在工作中主要存在的问题是什么？		
4. 你认可所在部门的管理方式吗？或对部门管理有什么建议？		
5. 你对公司的管理制度有什么建议？		
6. 其他。		
面谈人意见： **签名：**		

试用期面谈实践

试用期面谈是指试用期期间或试用期即将结束时，企业相关人员和新员工进行的面谈。

具体来说，试用期面谈是与新员工就有关工作岗位职责、公司的规章制度及工作流程的熟悉程度、工作中遇到的困难以及新员工的稳定性、对薪酬福利的接受度、工作氛围、部门职能等具体事务进行沟通，并帮助新员工解决工作中遇到的困难和挑战，使其更快地融入公司。

一般在不同的试用阶段，根据员工的表现和工作结果会安排相应的面谈。为此，我们建议以一个月为周期进行试用期面谈。在不同的试用阶段，面谈内容也会有所区别，参见表7－2。

表7－2　试用期面谈记录表

姓名		部门		面谈人	
试用期间	自××××年××月××日至××××年××月××日				
员工试用期面谈表（第一个月）					
面谈内容	1. 入职一段时间后，你的职业期望如何？				

（续表）

面谈内容	2. 你对公司有哪些新的认识和看法？ 3. 你是否适应公司的氛围和节奏？ 4. 你在工作上遇到的难关和挑战有哪些？ 5. 在工作和学习上，你需要什么帮助？ 6. 对于公司内部培训，你有什么意见或建议？ 7. 你在工作上需要哪些人和部门的配合？ 8. 你每天工作时长是多少？工作量大吗？需要加班吗？你如何看待加班？ 9. 你对公司有什么建议？ 10. 管理者对新员工的工作行为作出评价并提出改进建议。 11. 其他问题。

（续表）

面谈人意见： 签名：					
员工试用期面谈表（第二个月）					
姓名		部门		面谈人	
试用期间	自××××年××月××日至××××年××月××日				
面谈内容	1. 对新员工入职两个月的情况进行初步评价。 2. 你对公司环境是否适应？ 3. 你对公司的企业文化是否认可？ 4. 你对公司的规章制度是否认可？ 5. 你对自己岗位的工作内容和工作流程是否清楚？ 6. 你在工作和学习中存在哪些问题？需要公司提供什么样的帮助？				

（续表）

<table>
<tr><td rowspan="4">面谈内容</td><td>7. 你的工作能力是否得到了充分的发挥?</td></tr>
<tr><td>8. 你对公司有什么建议和意见?</td></tr>
<tr><td>9. 管理者对新员工的工作行为作出评价并提出改进建议。</td></tr>
<tr><td>10. 其他问题。</td></tr>
<tr><td colspan="2">面谈人意见：

签名：</td></tr>
<tr><td colspan="2">备注：试用期面谈要从三个方面进行。
1. 对新员工工作表现进行评价。
2. 对新员工工作中存在的问题进行探讨。
3. 提出改进要求和意见，帮助新员工改进工作方法。</td></tr>
</table>

员工转正面谈实践

当新员工通过试用期，各项条件符合转正标准，企业方就要安排相关人员与新员工进行转正面谈。一般来说，转正面谈是由新员工的直属领导或级别更高一些的领导来负责的。

转正面谈主要是反馈新员工在试用期期间的工作表现，帮助新员工更好地融入企业，熟悉部门和岗位的工作模式、内容和流程，最终成为一名称职的、具有发展潜力的优秀员工。

具体来说，转正面谈有三项重点内容。

一是让新员工明确转正后工作岗位的要求、期望和考核目标；

二是客观评价新员工在试用期内工作上的优势、亮点以及存在的问题，并对转正员工提出建议和希望；

三是明确个人的未来发展方向，让新员工对自己有一个全面的认识，进而在以后的工作中不断改进。

为了帮助管理者更好地实施转正面谈，这里我们提供一张新员工转正面谈表（见表 7－3）。

表 7－3　新员工转正面谈表

部门		姓名		岗位	
入职时间		转正时间		面谈人	

（续表）

面谈内容	1. 在试用期间对工作是否适应？ 2. 在试用期内，你都学到了什么，有什么感受？ 3. 请简述你所在部门的组织架构、人员构成情况以及核心工作内容。 4. 你在工作时常常碰到的困难有哪些？举例说明你是怎么解决的。 5. 你在公司的这段时间，公司有什么现象是你不太认同的？为什么？ 6. 你在公司的这段时间，你认为公司在制度、福利待遇等方面存在哪些不完善的地方？你有什么好的建议？ 7. 你感觉自己哪些方面还需要提高？你打算如何提高？你准备怎么做好以后的工作？

（续表）

面谈内容	8. 你认为自己需要哪些方面的培训？ 9. 你对自己的职业生涯有过规划吗？是什么样的？ 10. 在工作或生活中，你想要部门提供什么样的帮助？
部门面谈意见： **签名：**	

员工绩效面谈实践

员工绩效面谈是现代绩效管理工作中非常重要的环节。通过绩效面谈可以实现上下级之间对于工作情况的沟通和确认，找出工作中的优势及不足，并制订相应的改进方案。

同时，绩效面谈的效果也会直接影响绩效考核的结果反馈和员工激励。一个有效的绩效面谈能够帮助员工找出自己的不足，进而让员工深刻地认识到自己在工作中存在的不足之处，进而有针对性地作出改进，从而提高自己的绩效，促成团队或公司目标的达成。

一般来说，绩效面谈由员工的直属领导负责，在会议室或领导的办公室进行。为了更好地帮助管理者做好绩效面谈工作，下面我们提供一张员工绩效面谈表（见表 7－4）。

表 7－4　员工绩效面谈表

姓名		部门		岗位	
面谈人		面谈人岗位		面谈时间	
第一部分：评价员工工作行为					
主要成绩/进步	1. 指出员工业绩表现好的方面。				

（续表）

主要成绩/进步	2. 称赞员工能力优秀的方面。 3. 肯定员工良好的工作态度。
有待改进方面	1. 指出员工业绩表现不足的地方。 2. 指出员工能力不足的地方。 3. 指出员工态度欠缺的地方。
第二部分：与员工探讨绩效不足的原因、需要重点提升之处	
1. 绩效不足的原因。 2. 需要重点努力、提升之处。	

（续表）

<table>
<tr><td colspan="2">第三部分：绩效改进计划（要有具体/可执行/可评价的目标和任务，以保证绩效确实得到改进）</td></tr>
<tr><td>1</td><td></td></tr>
<tr><td>2</td><td></td></tr>
<tr><td>3</td><td></td></tr>
<tr><td>4</td><td></td></tr>
<tr><td colspan="2">其他需补充说明的事项：

签名：</td></tr>
</table>

需要重点指出的是，绩效面谈是绩效管理的重要组成部分，因此绩效面谈必须结合企业的绩效管理整体工作开展，绩效面谈的内容也要紧密围绕着员工的绩效考核指标来展开。脱离员工绩效考核指标的泛泛的绩效面谈对提升员工绩效或提升组织绩效都不会有太好的效果。

员工离职面谈实践

员工离职面谈是企业离职管理中的重要一环。离职面谈是指在员工离开公司前与其进行的面谈。从公司的角度来说，离职面谈的最主要目的是了解员工离职的具体原因，反思企业管理存在的弊端，以促进公司不断改进，或争取留下对企业有重大作用的人才。当然，除了员工主动离开公司外，也会出现公司主动开除员工的情况。如何处理被离职的员工的心理和情绪问题，也是离职面谈需要重点关注的问题。

一般来说，离职面谈由离职员工的直属领导负责，并在一个安静的、隐蔽的、不受打扰的环境里进行。这里，我们提供一张员工离职面谈表（见表7-5），以帮助管理者更好地进行离职面谈，并从中收集到重要信息。

表7-5 员工离职面谈表

姓名		**部门**		**职务**	
学历		**专业**		**入职时间**	
申请离职时间				**面谈时间**	

（续表）

离职原因			
1. 公司原因			
□A. 薪资低	□B. 福利待遇不够	□C. 工作环境	□D. 没有发展平台
□E. 不满意公司的制度	□F. 缺乏晋升机会	□G. 工作强度大	
□H. 工作枯燥	□I. 同事关系不融洽	□J. 无法与领导和平相处	
2. 外部原因			
□K. 找到更好的工作	□L. 自己创业	□M. 家庭原因	
□N. 回校深造	□O. 健康原因	□P. 转换行业	
3. 其他原因			
□Q. 试用期内辞职	□R. 主动辞职	□S. 公司辞退	
面谈内容记录			
整体面谈氛围：□**融洽**　□**沉默**　□**争执（原因：　　　　）**			
备选问题			
1. 你从事的工作和你预期的一样吗？如果不同，请说明理由。			
2. 你认为你当前的工作是否发挥了你拥有的技能？如果没有，请举例。			
3. 你认为你现在的职位是否有发展空间？如果没有，请说明理由。			

（续表）

4．你觉得你工作中遇到的最大的挑战是什么？ 5．你认为你现在的职位是否应该被提供更多的培训？ 6．你认为你所在的部门工作氛围怎么样？ 7．你对现在的工作条件满意吗？（例如：工作强度、工作时间、工作环境等） 8．你对公司的福利制度满意吗？如果不太满意，请说明你的建议或意见。 9．你觉得你的领导在哪些方面可以作出改进？ 10．你对公司的工作环境有什么意见与建议？ 11．你是否重新考虑离职问题？
整体面谈氛围：□融洽　□沉默　□争执（原因：　　　　）
签名： **日期：**